人が集まる職場
人が逃げる職場

Hito ga
Atsumaru
Shokuba

Hito ga
Nigeru
Shokuba

渡部 卓
Takashi Watanabe

CROSSMEDIA PUBLISHING

人が集まる職場

- 和気あいあいとした、安心できる雰囲気
- 多様な背景を持つ人々が自分らしく働ける
- 辞めていく人ともよい交流が続く

人が逃げる職場

- ギスギス・うつうつ、不安に満ちた雰囲気
- 似たような人たちで序列や派閥をつくる
- 怒りや失望を感じていつのまにかいなくなる人が多い

はじめに

人が集まる職場と人が逃げる職場——さて、あなたの職場はどちらでしょうか？

近年、次のような問題をよく耳にするようになりました。

- とにかく人が足りない
- 職場の雰囲気が悪い
- 優秀な社員や若手社員が次々に辞めていく
- うつ病やメンタル不調での休職者が多い……

ひとり、またひとりと人が消えていくたびに、職場の雰囲気もますます悪くなり、連鎖するようにまた人がいなくなる——そんな悲鳴があちこちから聞こえてきます。

なぜ、人が逃げる職場になってしまうのか。
どうしたら、そんな職場を変えられるのか。

本書は、これら「人が逃げる職場」問題の原因と解決策について、人事組織論やメンタルヘルス・コミュニケーションの知識と理論を下地に、分析・解説するものです。私がこれまで産業カウンセラー・コンサルタントなどの立場から携わってきた職場の実例、私自身のビジネスパーソンとしての経験も多数盛り込み、現場レベルで実践できるような、シンプルでわかりやすい形にまとめました。

人が逃げる職場を変えたいと悩んでいるすべての方々、特に職場のリーダーである管理職・マネジメント層のみなさま、また次の世代のリーダーのみなさまにとって、「人が集まる職場」をつくるためのよきヒントとなれば幸いです。

人が集まる職場　人が逃げる職場　目次

第1章

「共感」し合える職場

第2章 「人が育つ」職場

［支援］

第3章 「自然なコミュニケーション」が生まれる職場

序章

人が集まる職場には、「成長感覚」の風が吹いている

「ここにいたら潰される」と感じたら、人は逃げていく

いわゆる〝ホワイト企業〟、勤務形態や労働時間・給料・社会保障などの体制がしっかり整っている一流企業であっても、人が逃げるときは逃げていく。

これは一体なぜなのでしょうか。

はじめまして、渡部卓と申します。私はこれまで、アメリカの大企業から日本の中小企業まで、さまざまな企業の管理職および経営者として働いてきました。45歳で独立してからは、職場のメンタルヘルス・コミュニケーション改善の専門家として、早期離職予防やハラスメント防止対策などに取り組んできました。現在は、これらの活動と並行して、大学教授という教育の立場から、これから社会に出ていく若者たちと日々向き合っています。

こうした経験から、世代や業界・業種を問わずあらゆる職場の問題に対峙してきました。私自身一人のビジネスパーソンとして悩んできましたし、専門家として、悩みを抱えている当事者、あるいは社員の離職などに悩む人事部や経営者から相談を受け、一緒に悩みながら、対策を考えてきました。

その中で、見えてきた現象があります。**それは、「人は働く中で〝成長感覚〟を得られないと心が折れてしまう」ということです。**

この〝成長感覚〟とは文字通り、「自分は成長している」と感じられるということ。

それは「業績を上げた」「昇進・昇給した」「収入が増えた」「資格を取った」といった、目に見える結果を出したときにも得ることができますが、それらは一時的に盛り上がっても、すぐに冷めてしまうもの。ここで言う〝成長感覚〟とは、それらよりももっと安定していて、楽しさや喜び、安心を含んだ心地よい上昇感覚です。「上司に褒められた」「昨日よりも早く仕事をこなせるようになった」「知識やスキルを身につけた」「顧客を喜ばせることができた」「部下や後輩に頼られた」……などなど、自分の中で着実に成長していることを実感できるような、目に見えない経験から得られることが多いと言えるかもしれません。

もっと言えば、成長の範囲は仕事以外の領域にも及んでいます。趣味や家庭といったプライベートの領域において成長し、自信ややりがいを発見したことが、仕事においてもモチベーションの軸となることがあります。また逆に、仕事を通して得たものがプラスに作用して、プライベートの領域においても〝成長感覚〟をもたらしてくれることもあります。

よって、その人それぞれの〝成長感覚〟をサポートできる職場であれば、人が逃げるどころか、次々に集まってくる職場になるはずです。もっと言えば、仕事にかぎらず人生レベルでどう幸福になるか、というところまでサポートできる職場には、自然に人が集まってきます。

人は、着実に進むべき道を進めていると感じられているときは、逃げないものです。時には一休みしたり、寄り道や脱線したりすることもあるでしょうが、そのうちまた歩み始めます。

もし今の道から外れて「違う道」を行く、職場で言えば今の職場から離職するとしたら、それは「この場所ではもうこれ以上成長できない」と感じたときでしょう。

それはもちろん、前向きなステップアップやキャリアチェンジが理由のこともあります。また、待遇や制度、ハラスメントの問題などが影響して、「そもそも成長どころではない」という状態になっているということもあります。

しかし、それらに関係なく人が逃げていくとしたら、原因はおそらくコミュニケーションやマネジメントの問題にあります。知らず知らずのうちに社員の成長を妨げ、「ここにいたら成長できる」どころか、「ここにいたら潰される」というネガティブな感覚を与えてしまっているのです。

多様化する成長感覚

一昔前までは、〝人は「ワーク（仕事）」という枠の中で成長して、一人前の社会人になる〟という感覚が当たり前でした。ここにおいて、「ライフ（家庭や趣味など、仕事以外の部分）」や「ソーシャル（社会人サークルやボランティアなど、仕事以外の社会交流）」といった概念は存在しないと言っても過言ではありませんでした。

しかも、「ワーク」の枠とは１つの会社そのものを表していました。高度経済成長の勢いに乗って社会全体が成長しつづける中、１つの会社の中だけでも十分な展望があり、組織のピラミッドを順調に出世していくことで、確かな〝成長〟の手ごたえを感じられたのです。


しかし今の時代、個々の価値観は多様化・複雑化の一途をたどっています。技術革新、ＩＴ革命、グローバリゼーション、人生１００年時代の到来……その要因は無数にあります。特に私は「通信手段といえば黒電話」という時代を経験しているためか、ＩＴ革命が人にもたらした影響は途方もなく大きいと感じています。

人の価値観は、それぞれの経験に加え、外から得た情報の影響を受けながらつくられていくものです。世界中の多様で膨大な情報をリアルタイムで入手できるようになった今、画一化された価値観のままでいられるはずがありません。そうして価値観が多様化・複雑化した結果、人それぞれが〝成長〟を感じる対象・状況もまた、多様化・複雑化することになります。

現代は、「ワーク」の枠が拡大し、また「ライフ」と「ソーシャル」も加えた三つの枠が重なり合う中で、それぞれ別の場所で別のものから〝成長〟の手ごたえを感じる時代になっているのです。

成長の上昇気流に乗る

私は、この「ワーク・ライフ・ソーシャル」という枠からさまざまな〝成長の風〟が吹いていて、それによってつくられる〝上昇気流〟こそ、「人が成長する感覚」なのではないかと考えています。

都心のビル街では、冬になると街路樹の落ち葉が風に吹かれて舞い上がり、ビルとビルの間を漂いながら上昇していくのが見えることがあります。よく気をつけて見ていると、楽しそうに空高く昇っていく葉もあれば、すぐに落ちてしまう葉もあります。急に横風に吹かれて飛んでいき、視界から消える葉もありますが、もしかしたら、また別のビルの谷間で上昇していくかもしれません。

私は、人の成長もこの光景と同じようなものと考えています。

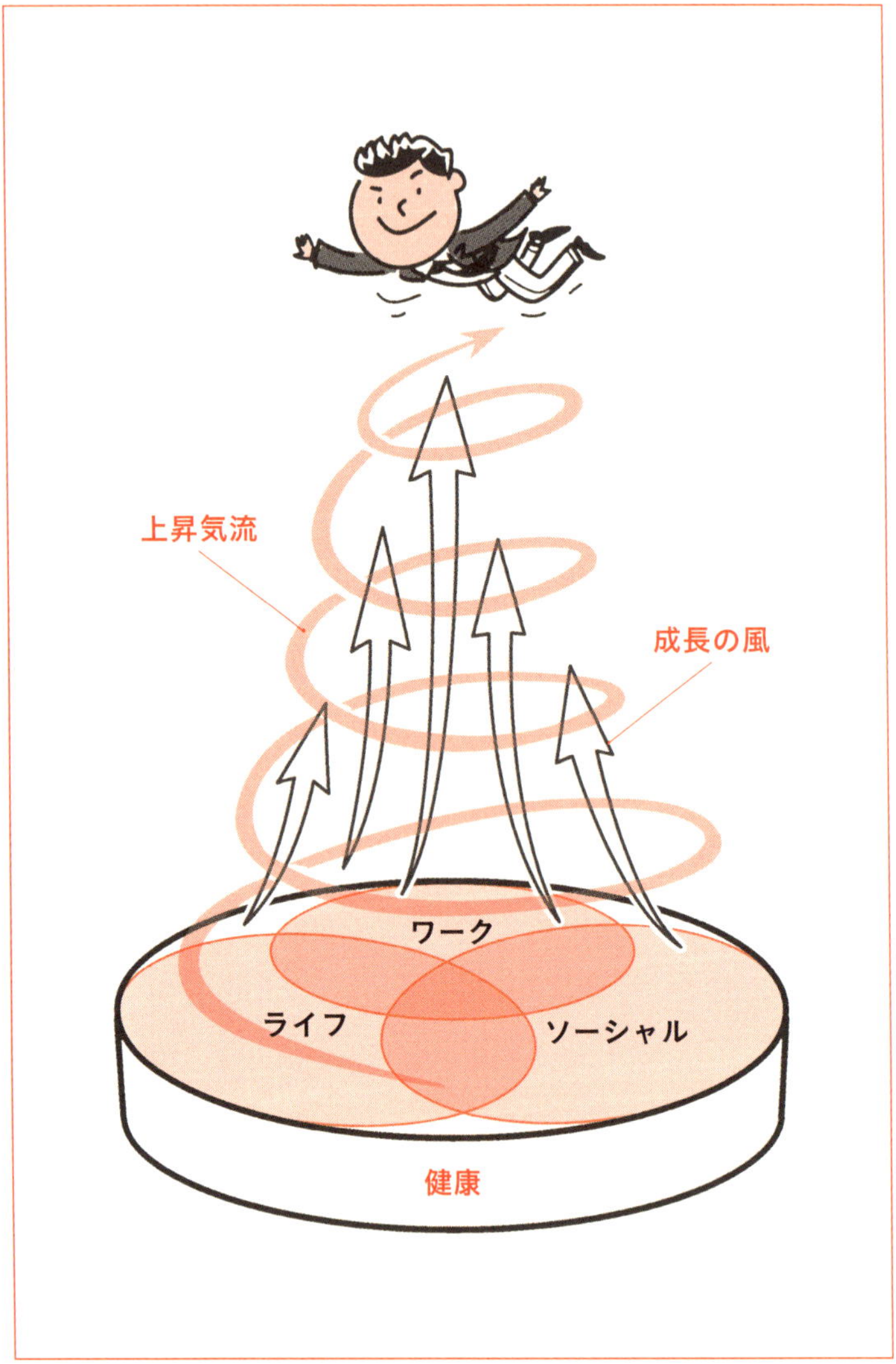
上昇気流
成長の風
ワーク
ライフ
ソーシャル
健康

一人の人間としての人生を次のように考えてみます。

すべての活動のベースとして心身の健康があって、その上にライフ・ワーク・ソーシャルの3つの領域が重なり合う枠がある。そしてそれらの枠からはいくつもの風が吹いていて、人はワークにおける成長の風に吹き上げられたかと思うと、今度はライフにおける成長の風に背中を押される……そんなことを繰り返し、さまよいながらも上に昇っていく。そんなイメージです。

また、ひとくちに〝成長の風〟といっても、

・営業部で業績を上げ、自信を得た（ワーク）
・健康に不安があったが、運動習慣で改善した（ライフ）
・経理部に異動し、よい上司に恵まれ、簿記に精通した（ワーク）
・経理の知識を活かし、子どもの学校のＰＴＡで会計を担当した（ワーク＆ライフ＆ソーシャル）

……と、実にさまざまな風が吹いています。

その風の中で小さな上昇気流が無数にできて、それらがまた合わさってさらに大きな上昇気流となり、人は吹き上げられながらあっちへこっちへ、時には止まったり下がったり、まさかの突風に見舞われたりしながらも、上へ上へと昇っていくのです。

よって、どの領域からどんな風が吹き、どんな上昇気流に乗って成長していくのか。それは当然、一人ひとり異なるものなのです。

心が折れにくい人は、〝風の乗り方〟がうまい人

そして、「ストレスに強く、心が折れにくい人」というのは、〝風の乗り方〟がうまい人、といえます。風を読み、ワーク・ライフ・ソーシャルの中を自在に行き来しているから、なかなか落ちてこないのです。

仕事にだけ打ち込んで、家庭も私生活も顧みない代わりに、どんどん出世だけはし

ていくような人もいます。これでは、ワーク以外から風が吹いてこないか、吹いてきてもうまく乗ることができません。仕事をしているうちはなんとか浮いていられるかもしれませんが、問題は対処できないほど大きなトラブルに見舞われたり、予想外に心身を壊してしまったり、定年を迎えたりしたとき。つまり、ワークの風が弱まったり止まったりしたとき、あとは落ちていくのみになってしまい、ポキリと心が折れてしまうことがあるのです。

私自身も仕事に打ち込んで、ワークの風にひたすら吹き上げられたことがありました。グローバル規模の大企業に勤め、幹部職につき、日本とアメリカを毎月のように往復し、昼夜を問わず働く……そんな自分に満足し、得意になっていたかもしれません。しかし、そんな日々の中でしだいに体調が崩れていき、不安に襲われる中、ついに辞職する決断をしました。

そして、以前から腹案であったメンタルヘルスやコミュニケーション分野における専門家の道を目指しはじめました。すると、しばらく吹いていなかったライフやソーシャルの風が再び吹き始めたような感覚を得たのです。２００２年に立ち上げて代表となった会社も、この風のお陰で成長していきました。その会社には「ライフバランスマネジメント」という社名をつけています。

それでは、どうしたら風にうまく乗れる、つまり〝心が折れない人〟になれるのでしょうか。

それには、必ず他者からのサポートが必要です。

私は産業カウンセラーやコーチングの専門家としても長年活動してきましたが、相談者の話を聞きながら、「この人は今ちょっと上昇気流に乗れず、落ちてきてしまっているな」と感じることがあります。そのときはコミュニケーションを通じて、何が問題になっているのか、自分で気づくように接していきます。傾聴をベースに信頼を得て、心がほぐれてきたら質問をして対話を深め、問題解決のヒントをともに探す……といった形です。

これは、直接手を引いたり、励ましたり、背中を押すというより、「下方からうちわのようなもので扇いで、風を送っている」ような感覚です。

人が上昇気流に乗って成長していくためには、その人が落ちないよう、一生懸命風をつくって支える人が必要なのです。

上昇気流に乗るには、
風を送ってくれる（成長をサポートしてくれる）人が必要

不安の時代に必要なのは「共感」の力

では、「風を送る」「下から支える」とは具体的にどういうことをすればよいのか。

答えはシンプルです。何よりもまず「共感力」をみがくことです。

「心が折れる」現象のベースにあるのは、「不安」です。

「このやり方は間違っているのでは」
「どうしてこんなミスをしてしまったんだろうか」
「誰も助けてくれないし、どうしよう」

このような心の奥底に渦巻く不安に対し、いくら「大丈夫、がんばれば解決するよ」「そんなに不安がるなよ」といったところで、あまり効果は得られません。

励ましやアドバイスを送るより先に、まず「不安」があることを認め、寄り添うこと――すなわち、不安に「共感」することが必要なのです。

「不安」というのは心理的な防御反応の一種。「備えあれば憂いなし」と言うように、不安を根本的に解消するためには、その対象に対する予防方法や対処方法をイメージして、具体的に準備することが必要です。

しかし、不安のどん底にいる人には、そのような行動に至るまでのエネルギーが枯渇しているもの。具体的なアドバイスやサポートを与えるより前に、まずは不安に「共感」し、安心というエネルギーを補給する必要があるのです。

特に現代は「不安の時代」です。先が見えず、何が起こるかわからず、経済も社会も不安定。新しい技術や情報が次々に到来する一方で、震災やテロなどの問題も多発し、人々は慢性的な不安感に包まれています。

さらに、繰り返しますが、現代における〝成長〟の定義は人によってさまざま。働き方・生き方も無数の選択肢から選べるようになった一方、その裏側には、常に迷いと不安がつきまといます。画一的な価値観に基づく成長感覚を得られないからこそ、人それぞれ自分で自分の成長感覚を得られるものを見つける必要があるのです。

人を成長させるものが多様になると同時に、人を不安にさせるものもまた多様になっているわけです。

「この先一体どうなるんだろう」
「もう何もかも手遅れなんじゃないか」
「このままの生き方でいいのだろうか」

大学教員として日々学生と触れ合う中で、今の若い人は、昔よりも将来への不安感や諦念を強く抱くようになっていると感じさせられます。一般に思われているほど、学生は気楽でのんきではありません。社会をよく見ているからこそ、不安なのです。

こんな状況において、一日の大半、ひいては人生の大半をも過ごす職場でも不安を感じることばかりで、成長を感じることができなければ、逃げたい気持ちになるのも理解できるのではないでしょうか。

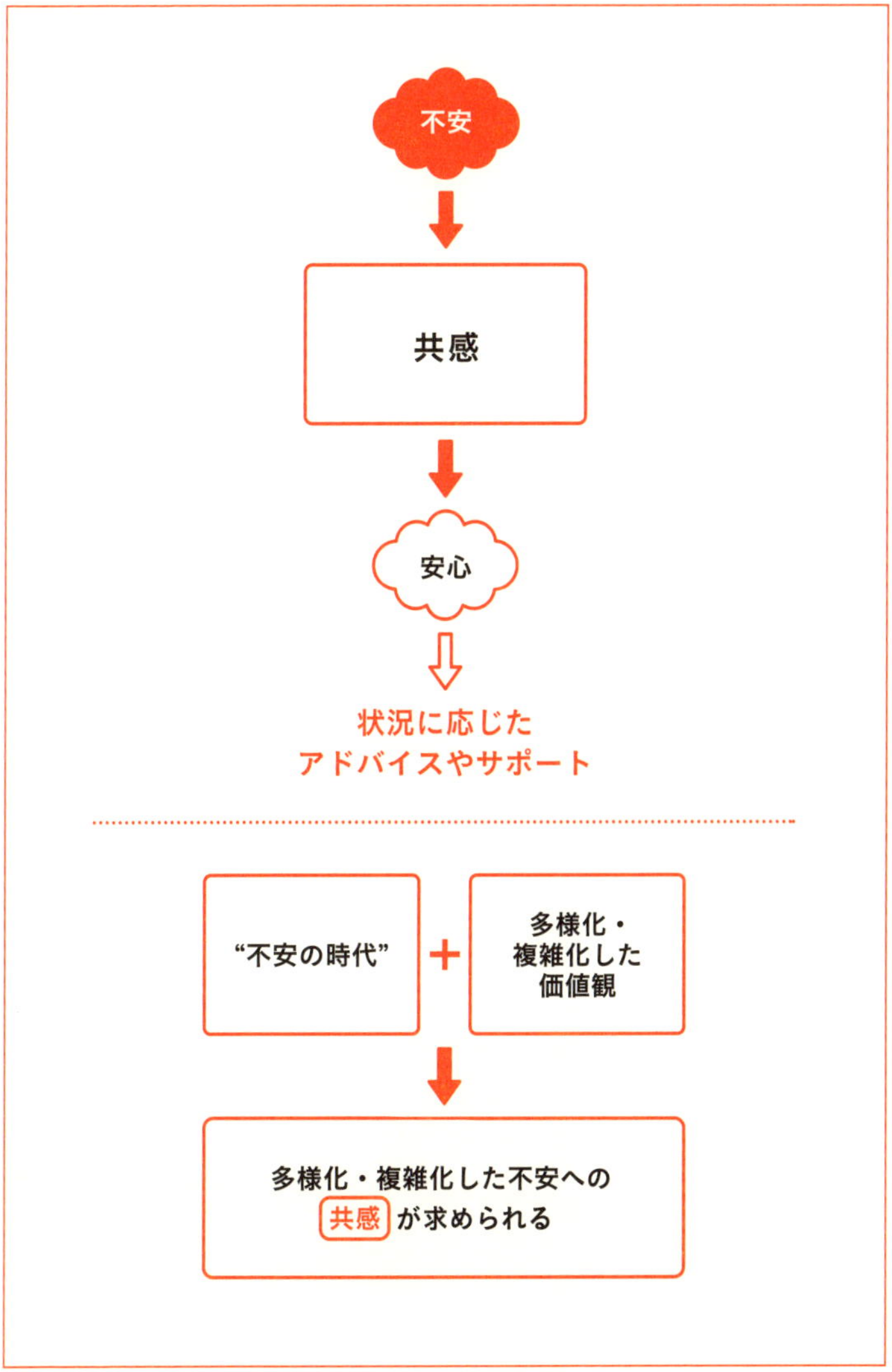
不安
共感
安心
状況に応じた
アドバイスやサポート
“不安の時代”
＋
多様化・
複雑化した
価値観
多様化・複雑化した不安への
共感が求められる

一方、もし職場が安心できる場所だったなら、そこに人は集まってきます。

職場に行くとホッとする、会社に戻ると安心できる……そんな職場になれたら理想的です。職場において安心を得ることができれば、未来を考える余裕も出てきます。「この場所、この仕事において自分はどう成長していこう」と、より前向きに考えられるようになります。

「部下への指導も5時まで勝負」で起きる悲劇

では職場において安心を与えられるのは誰かというと、それは「上司」なのです。

いかに社長や役員が立派な信念と功績のある人であっても、実際に身近にいるのは上司。部下は上司の影響を良くも悪くも大きく受けることになります。

「この上司の下では成長できない、潰される」と感じて逃げていく人もいれば、「尊敬できる上司がいるから、この場所でがんばろう」と思えることもある。それだけ上司が持つ部下への影響力は大きいものです。

しかし、上司だって生身の人間です。いつでも理想的な対応ができるわけがありません。特に現代の管理職のほとんどはプレイング・マネージャーです。周囲を気遣いながら、自分の仕事においても常に一定の成果をあげていなければならず、強いストレスを抱えています。以前、私は『会社うつから部下を守る本』（大和書房）という本を出版したのですが、読者アンケートから、「『会社うつから上司を守る本』も出してほしい」という声を受け取ったことがありました。「部下の面倒を見たいのは山々だけど、そんな余裕がない！」……こんな悲鳴をあげたいのが、多くの方の実情でしょう。

さらに、昨今は「働き方改革の推進」という号令のもと、チーム全体で定時までにすべての仕事を終わらせる必要が出てきたりと、いっそう時間がなくなっています。ハラスメント対策やプライバシーへの配慮もますます重視されていますから、業務に直接かかわらない社内外での交流なども避けることが多くなっています。そうなると、終業後の飲み会にさえ慎重にならざるをえず、上司と部下が交流を図る機会も少なくなっています。

このような「部下への指導も5時まで勝負」とでも言うべき状況において、上司がどれだけ優秀な人でも、どれだけ部下のことを思いやっていても、それがうまく伝わらないまま部下が職場を離れていく、といった状況が度々起きているのです。

〝ほどほどのパートナー〟を目指す

そんな中、人が逃げていく職場を変えたい、人が集まる職場をつくりたいと思い本書を手に取って下さった方は、仕事にも人生にも真剣に向き合っている方だと思います。だからこそ、ここでお伝えしておきたいことがあります。

それは、〝ほどほど〟でいい、ということです。

上司として成長し、職場を変えようとするために、自分の心が折れてしまっては元も子もありません。また、上司の不安やストレスは部下にも敏感に伝わっていくものです。自分のためにも職場のためにも、時には上司が自分のハードルを下げ、心身を休めることも必要です。

本書は、人が逃げていく職場を変えるための方法を、小さなコツから大きな心構えまで幅広くお伝えするものです。しかし、これらを実施するにあたって、気負いすぎる必要はありません。今すぐにすべてを完璧にこなす必要はない、〝ほどほど〟でいいのです。

私はよく、優秀で努力家ゆえに完璧主義に陥りがちな方へ、「幸せのはひふへほ」という言葉をお伝えしています。

は：半分がいい
ひ：人並がいい
ふ：普通がいい
へ：平凡がいい
ほ：ほどほどがいい

成果を求めすぎていると感じたら、半分でいい。
高い評価を求めすぎていると感じたら、人並がいい。
完璧な姿を求めすぎていると感じたら、普通がいい。
自分や部下への理想を高く持ちすぎていると感じたら、平凡がいい。
がんばりすぎていると感じたら、ほどほどがいい。

自分に対するプレッシャーを必要以上にかけることは、かえって生産性を下げることにもつながります。時には〝ほどほど〟の感覚を思い出し、肩の力を抜くようにしてください。

そして最後に、「人が離れていくことは一概に悪いこととはいえない」ということもお伝えしておきたいと思います。

現代は転職へのハードルが年々低くなってきています。1つの職場に居着かず職を転々としたり、新卒入社した会社を1～2年で離職することも、昔ほどマイナスに捉えられない傾向にあります。もはや「石の上にも3年」「1つの会社にはとりあえず3年は勤めなさい」という価値観すら古くなってきているのです。多様な価値観・選択肢が無数に広がっている今、「会社を辞めること」は「新しいキャリアを歩むこと」でもあり、本人にとっては一概に悪いことではありません。

また、職場にとっても、人が入れ替わっていくことは絶対悪ではありません。多少の人員の入れ替わりには、職場の新陳代謝を促し、活性化させる効果もあります。

現代において、一定数の人が職場から離れていくことはある程度仕方がないことですし、一概に悪いことではありません。だからこそ、職場を離れていった人にも、後々「あのとき、あの人のもとで働いたから成長できた」と思い出してもらえる上司を目指していただければと思います。

人が逃げる職場において、上司のみなさんも不安なことが多いと思います。それは自然なことですから、それでいいのです。

「不安の時代」のリーダーがすべきなのは、いつでも完璧で前向きな姿を見せ、正解を与え、号令を出し、叱咤激励することではありません。

人それぞれの希望や目標を共有した上で、不安に共感し、ともに悩み考え、互いの成長を促し合うことです。

それは「リーダー」というよりは、同じ職場の中でそれぞれの成長を目指す「パートナー」のような感覚です。

人が集まる職場に必要なのは、常に教え導いてくれる〝完璧なリーダー〟ではありません。完璧すぎず、自然体でいる。そして、ともに悩みながら支え合うことで、安心感を与えてくれる。そんな〝ほどほどのパートナー〟なのです。

第1章

「共感」し合える職場

（傾聴）

KEICHO

01

人が集まる職場は、カウンセリングする
人が逃げる職場は、コーチングのみ

書店のビジネス書コーナーに行けば、「リーダー論」「マネージャー論」といった、人を育てる立場の方に向けた本がたくさん並んでいます。言い方はさまざまですが、それらの本では部下や後輩の能力を活かす「コーチング」という手法について言及されていることが多いものです。

コーチングとは、「相手の目標課題への意思や疑問、悩みを聞き、問いかける」というプロセスを通して、課題解決のための思考や行動の選択肢を相手から自発的に引き出すこと。たとえば、仕事のことで部下から相談を受けたとき、「君はどうすればいいと思う？」「最終的なこの仕事の目標は何？」と問いかけ、相手に考えさせ、答えを引

き出すのがコーチングです。この手法は教育という点において非常に有効ですし、自主的でモチベーションの高い人材を育てる効果は大いに期待できます。

ただ、これからの時代の管理職の方々には、コーチングスキルの向上のみならず、「カウンセリング・マインド」を持つことをぜひ意識していただきたいと思います。

いきなり「カウンセリング」という言葉を目にして、驚いた方も多いかもしれません。たしかにプロのカウンセラーは、臨床心理学やメンタルヘルスについて学び、資格を取った人がなるものです。「カウンセリング・マインドを持とう」などと言われると、ハードルが高いと感じるかもしれません。

しかし、そう身構える必要はありません。カウンセリングの基本は〝傾聴〟を通して〝共感〟を伝えることです。まずは「しっかり部下の話を聞こう」という言い方に変えてみると、それほど難しいことだとは感じないのではないでしょうか。

相手の意見や考えを最後までしっかり聞くこと。そして、共感の気持ちを相手に伝

えること。これがカウンセリング・マインドの基本であり、第一歩です。ここまであれば、専門的な知識がなくても少しずつ実践していけるのではないでしょうか。

ただし、今の時代の管理職の方は、「メンタルヘルス」に関する最低限の知識は持っていてほしいと思います。部下が落ち込んでいるとき、会社を休んだり辞めようとしているとき、上司がメンタルヘルスの正しい知識を持っているのといないのとでは、大きな差が出てきます。信頼のおける書籍やウェブサイト、研修などを有効利用して、メンタルヘルスの基礎知識をしっかり学んでおくことをおすすめします。最近では産業カウンセラーの資格を取得したり、メンタルヘルス・マネジメント検定などの資格を取る管理職も増えています。

（傾聴）
KEICHO

02

人が集まる職場は、とにかく傾聴する
人が逃げる職場は、とにかくアドバイスする

不安を抱える社員が増えている現代において、上司に求められているのはカウンセリング・マインドであり、その基本は傾聴を通した〝共感〟であるとお伝えました。

〝傾聴〟と〝共感〟は不可分の関係にあります。どんな内容であれ、まず相手の話をひたすら傾聴しないことには共感は生まれません。

あなたは、部下から「相談がある」「ちょっと話を聞いてほしい」と持ちかけられたとき、「ごめん、今忙しいから後でね」と断ってしまったことはありませんか？　あるいは「上司として、何かいいアドバイスをしなくては！」と意気込んだものの、あまり部下に響かなかった、といった経験はないでしょうか？　私自身、企業で管理職

をやっていた時代には、そんなほろ苦い経験が数多くあります。

部下のＳＯＳに気づかなかったり、あるいは自覚なく自分の考えを押しつけたり、相手の考えを否定したり、といった自分本位の振る舞いは、忙しい人ほどついやってしまっていることが多いものです。それでは部下の信頼を得るどころか、「この人にはちゃんと話を聞いてもらえない」「相談しても意味がないし、時間の無駄ではないか」と、部下の心が離れてしまう要因になりかねません。

そうはいっても、「部下のことは気にかけているのだが、多忙すぎてじっくり向き合うほどの余裕がない」というのが多くの方の本音だと思います。さらに、「なんとか時間をつくっているのに、部下の話は要領をえないし、何をしてほしいのかもよくわからない」といった問題もしばしばあるでしょう。

こんなときにこそ有効なのが、〝傾聴〟と〝共感〟をベースにしたカウンセリング的アプローチです。

これさえできれば、最初から最後まで何もかも部下やチームの面倒を見たり、有効なアドバイスを苦心して与え続ける必要はありません。傾聴と共感を続けていくうちに、部下たちは自ら考え、行動しはじめます。そして自ら解決への糸口に気づき、やる気を持って、よい方向に歩み出すようになるはずです。

なぜなら、「上司が自分に関心を向け、悩みを理解し、共感してくれている」という実感が部下に生まれると、部下の〝不安〟は自ずと解消され、安心して業務に集中できるようになるからです。そして本人やチームの仕事へ前進力が生まれることを、上司は肌で実感できるはずです。

まるで雲をつかむような話に聞こえるかもしれません。しかし、このように「職場の人間関係や個々の主観的な感情が、生産性に大きな影響を及ぼす」ということは、アメリカのホーソン工場において行われた実験をはじめ、多くの実証実験において解明されてきたことです。また私を含む産業カウンセラーや心理士たちの間でも、多くの経験や実例から確証が得られています。

10のアドバイスより1回の傾聴が、部下の心を救うこともあるのです。

【明日から使える傾聴のテクニック】

ここで、プロのカウンセラーが実践している傾聴のテクニックをお教えしましょう。これらを使うと、相手への共感がより伝わりやすくなります。「何度もアドバイスしていたのに先に進まなかった」……そんな複雑な問題も、「5〜10分ひたすら傾聴しただけで、かなりの部分が解消された」といった事例もあります。「忙しい」と嘆く方ほど、テクニックを活用した効果的な傾聴を行うことが、問題解決への近道となってくれるはずです。

・相手の顔を見て聞く・話す
・相槌を打つ、うなずく
・キーワードを繰り返す

これらは傾聴の基本であり、初心者にも取り入れやすいポイントです。

「キーワードを繰り返す」とは、たとえば次のような形です。

「実は今日、取引先の佐藤さんとお会いしたんですけど、今回の値上げのことで頭ごなしに怒られて……いつも冷静な方だったので、本当にびっくりして……どうしたらいいんでしょうか？」

「【佐藤さん】に【値上げのことで】【怒られた】のですか？　それは【驚くし、辛かった】ですよね、ご苦労さまでした」

このように、相手が言った事実や感情を繰り返すようにします。すると、部下は「しっかり話を聞いてもらえたし、共感してもらえた」と感じ、ある程度の満足感と前向きな心が生まれます。アドバイスや具体的なサポートをするなら、この次のタイミングがベストです。

さらに、「ネクタイをはずす」というのも一つの隠れ技です。真面目な性格の上司ほど、「部下の話をちゃんと聞こう」と思うと、きちんとした格好をしようとするものです。さらに姿勢を正して真正面に座り、しっかり相手の目を見ることで「きちんと向き合っている」ことを伝えようとしたりもします。しかし、これらの行動は実は逆効果なこともあるのです。ネクタイを締めて姿勢を正すと呼吸も速くなりますし、上司の緊張感が相手にも伝わって、相談しづらい空気をつくってしまうことがあります。

私もかつて親しい部下から、「背広とネクタイ姿の渡部さんは〝鎧〟をつけているようで近づきがたいのですが、ノータイだと話しやすくなるから不思議です」と言われ、はっとしたことがあります。

相手が話しづらそうなときこそ、聞く側はリラックスした空気をつくることが大切です。

傾聴の雰囲気づくりのポイント

相手の顔を自然に見る。
目だけでなく、あご、鼻先、首、耳を見てもよい。
「相手の顔に5秒、そらして3秒」を繰り返すとよい。

（傾聴）

KEICHO

03

人が集まる職場は、2・5人称の視点 人が逃げる職場は、2人称・3人称の視点

傾聴について、もう少し深堀りしていきましょう。部下の話に耳を傾けるのは大切なことですが、上司としてはどのような立場や距離感で話を聞くのが適切なのでしょうか。

ヒントは、ノンフィクション作家・評論家の柳田邦男氏の言葉にあります。彼は著書や講演の中で「2・5人称の視点」の重要性を説いています。数々の事故・事件・災害などを追ってきた柳田氏が、ジャーナリズムにおける被害者・弱者に対する視点として説いているものですが、これは傾聴する際の相手との距離感にも通ずるものです。

私も10年以上前から、「部下に対する上司のスタンス」として「2・5人称」の重要性

をお伝えしてきました。人が集まる職場を目指すなら、管理職の方々にはぜひこの距離感を身につけておいてほしいと思います。

さて、2・5人称とはどのような視点なのでしょうか。

たとえば、部下から「仕事にやりがいを感じず、行き詰まっている」という相談を受けたときの上司の視点を、1人称・2人称・3人称とあわせて考えてみましょう。次のページの図を見てください。

2.5人称の視点を持つ

例：部下から「仕事にやりがいを感じず、
行き詰まっている」という相談を受けた。

1人称の視点

「もし自分だったら
どうするだろう？
辛くて会社を辞めたく
なるかもしれないな」

2人称の視点

「自分の子どもが
こんな風に悩んでいたら
と思うといたたまれない。
なんとかしてやりたい」

2.5人称の視点

「仕事にやりがいを感じず、
行き詰まっているのか。
それは辛いだろうな。
自分はどうサポートしたらよいか、
考えてみよう。
本人にも聞いてみよう」

3人称の視点

「彼ぐらいの歳のビジネスマンは、
仕事への不安を抱きやすいものだ。
上司としてアドバイスをしよう」

いかがでしょうか。1人称、2人称の視点を持った上司の場合、部下の状況を自分や家族に置き換えて考えていますから、非常に親身になって話を聞いてあげられそうですね。しかし、あまりにも自分に近しい問題として考えてしまうと、感情的になったり、冷静な判断ができなかったりする危険性があります。3人称の視点に関しては、部下の悩みをあくまで他人事と捉え、一般論に当てはめようとしているふしがあります。

「2・5人称」というのは、文字通り2人称と3人称のちょうど中間の視点。感情移入しすぎず、第3者目線になりすぎない絶妙なバランスが必要です。

先ほどの例で言えば、「仕事にやりがいを感じず、行き詰まっている」という事実を客観的に捉え（3人称の視点）、「それは辛いだろう」と共感し（2人称の視点）、上司として解決策を考えつつも、相手が自分で考えるようにも促しています。このような状態が2・5人称です。

ただ、実際にこの視点を持てるようになるのはなかなか難しいかもしれません。時には感情的になってしまうこともあるでしょうし、場合によっては3人称視点に徹した方がいいこともあります。状況によって2人称、3人称に傾いてしまうのはある程度仕方のないことです。

けれど、部下から相談を受けたとき、何かトラブルがあったときなど、この「2・5人称の距離感」を思い出していただくと、ほどよい距離感を保ちやすくなると思います。

私自身、企業での管理職を長く務め、数多くの面談を行ってきました。大学教員としても長年、文系・理系や私立・国立などさまざまな大学で、学生を指導してきました。そうしてさまざまな事情を持つ人々と向き合うとき、私も「2・5人称」の視点を持つように心がけています。

大学で担当するゼミの学生たちに対しては、他の学生と比べて話をする機会も多く、退学や休学に関する相談を受けたときなど、つい2人称の視点で考えてしまいそうになることもあります。「もう投げ出したい」「心身を壊してしまった」「経済的に苦しい」などの辛い訴えもあれば、「留学したい」「大学院に行きたい」「資格の取得を目指したい」という前向きな訴えもあったり、事情を知れば知るほど感情移入しそうになります。ですが、大学（職場）を去るか否かというようなデリケートな問題に対峙したときこそ、2・5人称の視点が必要です。感情的になって過干渉や過保護にならないよう、かといってただ突き放したようにも思われないよう、私も細心の注意を払って接するようにしています。

（傾聴）
KEICHO

04 人が集まる職場は、共感する 人が逃げる職場は、同情する

傾聴する姿勢がある人、共感力の高い人は、上司としての信頼も厚くなります。そんな上司が多い職場なら、人は離れにくく、定着しやすくなります。

ただ、一点気をつけていただきたいのは、「共感」と「同情」を混同させてしまわないことです。「共感」と「同情」は似ているようで、本質的には異なるものなのです。

「同情」とは、一般的に「他人の不幸や苦悩、苦難な状況に対して、自分ごとのように捉え、感情を寄せる」ことです。他人の辛い境遇を知って、怒りや悲しみで感情を抑えられずに自分も泣いてしまう、これはまさに同情によるものです。相手のことを本当に思っているというよりは、1人称の視点で考えていて、相手に自分を投影して

いる場合が多くあります。また、相手が悲しんでいるのに対し、「かわいそう」（＝憐れみ）などの自分の感情を押し付けてしまうこともまた、同情です。

一方「共感」というのは、「相手の置かれている状況を理解した上で、相手の感情を汲みとり、同じ感情を共有する」ということ。「そんなことがあったんだ。それは悲しいよね」と、そこにある感情をともに見つめ、共有するイメージです。これはまさに2・5人称の視点。相手の話をしっかりと傾聴し、相手の立場や境遇、課題や障害を理解しようとする中で、このような感情の共有が生まれます。

人は共感してもらうと、ネガティブな感情がいったん落ち着き、その感情に覆い隠されていた客観的な「事実」が見えるようになります。そこから前向きな対応も生まれてくるのです。しかし、同情されると、時にはネガティブな感情が自分と相手とのあいだで膨れ上がり、負のループに陥ってしまうようなこともありえます。

同情と共感、似ていますが、微妙に視点が異なることをおわかりいただけたでしょうか？　この2つは違うものだということを頭に置いておき、ビジネスの現場では特に、むやみに相手の話に感情的になるのは控えた方がいいでしょう。繰り返すようですが、やはり2・5人称の視点を持つことが大切です。

同情と共感の違いの例として思い出されるのは、2018年冬の韓国・平昌オリンピックにおける、スピードスケート女子500メートルの決勝戦でのことです。地元韓国で五輪3連覇を狙う李相花選手の順位が〝金〟ではなく〝銀〟と確定した直後、泣き崩れる李選手を抱きしめたのは、金メダルを獲得した日本の小平奈緒選手でした。その姿はメディアでも報じられ、大きな話題を呼びましたが、私を含む多くの人が、一生の記憶に残る感動的なドラマを目撃したように感じたのではないでしょうか。

このときの小平選手の行動は、決して李選手への同情によるものではなかったでしょう。世界中に感動を呼んだのは、小平選手が李選手の感情の渦へぴったり寄り沿う姿、類まれなる真摯な共感の力であったと思います。

同情する気持ち自体は、決して悪いものではありません。しかし、同情するだけでは、上司として、部下として、そして職場としての成長は望めません。相手の涙を見てこちらも泣いているだけでは、前に進めないのです。

（指導）
SHIDO

05

人が集まる職場は、フィードフォワードを行う
人が逃げる職場は、フィードバックのみ行う

一つのプロジェクトが終了したときや問題を解決したとき、多くの職場で行われるのがレビューとフィードバックです。上司が部下の仕事の振り返りを行い、次の仕事に活かす。ＰＤＣＡサイクルでいうところのＣ（Check＝評価）にあたります。

フィードバックは過去のことに対して言及するため、多くの場合、その内容は否定的になりがちです。

「改善点はどこか」
「なぜ目標に届かなかったのか」
「どうすればトラブルは防げたのか」……

失敗してしまった点や至らなかった点への言及が主になるので、どうしても経験や知識・技能の豊かな上司ほど細かな点まで見えてしまい、ネガティブな指摘が増えてしまう傾向があります。

もちろんフィードバックはとても大切なことですし、業務や部下の能力改善のために必要な場面も多々あるでしょう。とはいえ、あまり至らない点や今はもう変えられない点ばかり指摘すると、逆に現場の士気を下げてしまうかもしれません。

人間誰しも、自分に対するネガティブな意見はできることなら聞きたくないもの。それが自信のあったことや、力を入れてがんばってきたこと、多少のリスクを取ろうとしたことであればなおのことです。

よって、相手のためを思って丁寧なフィードバックをしたにもかかわらず素直に受け入れてもらえない場合もあります。

業務改善を図ったつもりが、裏目に出てしまうこともありえるのです。

私もフィードバックを受けた結果、逆にモチベーションが下がりかけた経験があります。ある企業ではじめて役員になってから1年後、部下や同僚たちから業務評価を受けたときのことです。通常、評価とは上司から部下へ下されるものですが、このときは「360度評価」という、部下から上司、同僚から同僚への評価も行う仕組みが導入されていたのです。これは当時としては珍しい制度だったので、専門の人事コンサルティング企業に外部委託して実施されていました。

私は昼夜を問わず猛烈に働いていた自覚があったので、部下たちも上司の私には高い評価、100点満点中80点以上はつけてくれるのではないかと期待していました。しかし、担当した外部コンサルタントから結果をフィードバックされたときは目を疑いました。私への評価は60点だったのです。80点と自負していた私にとっては、低すぎる数字でした。

このときのショックから立ち直るのに、数週間が必要でした。しばらくのあいだは〝部下不信〟にもなりました。

冷静に振り返ると、自分自身の成果を追いかけるだけの上司に対しては当然の評価でしたし、上司としての自分を見つめ直すいい機会になったので、まさに「良薬口に苦し」とでも言うべきよい経験だったなと心から思うことができます。ただし、このようにネガティブなフィードバックは相手に大きなショックを与えることがあるのも事実です。それが、「上司」という経験豊富で絶対的な立場から「部下」という未熟な立場へ行われるものならなおのこと。その負の影響は、組織の人間関係を破壊しかねないパワーをもつこともありえます。

そこで、職場でぜひ実践していただきたいのが、「フィードフォワード」です。

過去を振り返って問題点・改善点をメインに挙げるのがフィードバックなら、フィードフォワードは未来に目を向け、今後に活かせそうなよい点を挙げながら、前向きなアイデアを出し合います。

フィードバックとフィードフォワードの違いを例に挙げてみましょう。たとえば、上司と部下が顧客訪問の振り返りを行っている場面を考えてみます。

フィードバック

「山田さんは敬語の誤りが多いですね。前回の訪問でも、以前と同じ敬語の誤りをしていましたよ。『うちの鈴木部長が御社の渡辺さまによろしくとおっしゃっていました』と言ってましたが、こういうときは『おっしゃる』ではなく『申しておりました』ですね。次回は絶対に気をつけてくださいね。私も本当に恥ずかしかったですよ」

フィードフォワード

「山田さんは顧客のことをよく覚えていて、気の利いた一言を言えるのがいいですね。先週の訪問では、うちの鈴木部長と先方の渡辺部長が親しいことを覚えていて、『うちの鈴木部長が御社の渡辺さまによろしくとおっしゃってていました』と言ってましたが、この一言から鈴木部長の話題で盛り上がることができ、先方とより親しくなれた気がします。ただ、こういうときは『おっしゃる』ではなく『申しておりました』と言うものですが、山田さんは笑顔がいいから、先方もニコニコ顔で気にしていないようでした。これからも敬語には気をつけつつ、まず相手への関心や気遣い、笑顔を第一にコミュニケーションできるといいですね」

このようにフィードフォワードを心がけてみると、自然と前向きな意見が生まれやすくなるもの。さらに、ここで「どうすればもっとよくなると思う？」といった問いかけを交えると、相手もただ聞くだけでなく自発的に話し合いに参加することになり、モチベーションの向上につながるでしょう。既に起こってしまった過去を振り返ってあれこれ指摘するにとどまるより、はるかに生産的な行為ではないでしょうか。

フィードフォワードにおいて上司がやるべきことは、部下の思考・行動やアイデアを否定せず、前向きに捉えてエールを送ること。足りない点ばかりでなく、何かいいところや、今後に活かせそうな小さな芽がないか探し、伝えてみてください。

「あんな失敗をしてしまったから、次はもう同じことはしない」と反省・改善することも、仕事においては大事なこと。しかし、「これはやってよかった。この経験を活かして、次はこんなことをやってみよう」と、前向きで意欲的な話し合いにより多くの時間を使ったほうが、より生産的な職場になるはずです。

（指導）
SHIDO
06
人が集まる職場は、「かりてきたねこ」で叱る
人が逃げる職場は、その場で感情的に叱る

傾聴し、共感するだけが上司のつとめではありません。部下が間違った行いをしていたり、人に迷惑をかけるようなことをしていたら、きちんと叱ってやることも大切です。しかしながら、部下を褒めることは得意でも、叱るのは苦手という方も多いのではないでしょうか。

フィードバックと同じで、問題点の指摘はする方にもされる方にもストレスになります。「他人を叱る」ことに慣れていない上司も多いですし、若い部下ほど「叱られる」ことに慣れておらず、必要以上にショックを受けてしまうこともあります。

私も長い職場経験の中で〝叱り上手〟な上司を見たことはほぼありませんし、私自身、かつては激怒しながら部下を叱った経験が何度もありますが、それがよい結果に

つながったことは数えるほどしかありません。部下が退職してしまう遠因になったことさえあります。

どうすれば相手を傷つけず、効果的に叱ることができるのか。そのコツについて、私は「かりてきたねこ」と表現して紹介しています。

これは、次のとおり、叱り方の7つのポイントの頭文字をとったものです。

か：感情的にならない
り：理由を話す
て：手短に済ませる
き：キャラクター（性格や人格）に触れない
た：他人と比較しない
ね：根に持たない
こ：個別に伝える

・感情的にならない

「怒る」と「叱る」は違います。部下を叱ろうとするとき、感情をそのままぶつけてしまうと、それは単に「怒る」だけになってしまいます。すぐ感情的にならず、まずは自分が部下のどんな行動、態度を改めてほしいと思っているのか、冷静に客観視することが必要です。

・理由を話す

客観視した上で、なぜ叱るのか、相手に「理由を話す」ことも大切です。理由や目的を明確にせずに叱ってしまうと、部下に「上司に八つ当たりされた」「嫌われている」などといった誤解を抱かせてしまいます。

・手短に済ませる

くどくどと同じことを繰り返したり、芋づる式にそのほかの不満を並べたりするのもよくありません。叱るときはポイントを絞って「手短に済ませる」こと。そのためには、話を切り出す前に「10分ほど話したい」などと終わりを決めておくのも有効です。相手も「10分なら」と話を聞く体制に入りやすいですし、自分も「短く済ませよう」と意識するので、余計な叱責をせずに済むはずです。

・キャラクター（性格や人格）に触れない

部下の行動やミスを指摘はしても、「キャラクター（性格や人格）に触れない」ようにしましょう。特に、その人のキャラクターを否定するような言い方は反発を招きます。たとえば、会議に遅刻することを「君はだらしがないから遅刻するんだ」と言ったり、ケアレスミスを「あなたはいつも不注意だ」と言ったりするのはNGです。

また、主語を「君」や「あなた」など2人称にすると、叱られているというより、責められていると感じる場合もあります。「【私は】君の遅刻が残念だ」「【私は】あなたにきちんと確認してほしいと思っているんだ」など、主語は「私」にして話すように意識するといいでしょう。

・他人と比較しない

他人と比較して叱られれば、誰でも自尊心が傷つきます。できている点を認めたり、褒めたりした上で、「(遅刻やミスなど)できていない点を改善すれば、もっと評価できる」といった言い方で伝えるといいでしょう。

・根に持たない

部下を叱ったら、そのあとも引きずらず「根に持たない」こと。ミスをいつまでも覚えていて、ことあるごとに責めたり、懐疑的な態度を取ったりすれば、部下は「いつまでも許してもらえない」「自分は信頼されていない」と感じてしまいます。

・個別に伝える

「周りに配慮して、個別に伝える」ことも大切です。同僚や後輩のいる場で叱ると、貝のように口を閉ざしてしまったり、歯向かってきたりすることが多いものです。叱るときは会議室などほかの人がいない場を設けるようにしましょう。

部下を叱らなければいけないとき、はじめからピリピリした空気を出すのではなく、話しやすい雰囲気や場を設定することも有効です。私がかつて外資系企業に勤務していたときは、非常に多忙だったため、部下とのコミュニケーションも取りづらい状態でした。そこで、落ち着いて話したいときは、出張時の新幹線のグリーン車をいつも利用していたことを思い出します。グリーン車は閉鎖的な空間ではないものの、ある程度の緊張感があり、腹を割った話がしやすいのです。完全に二人きりの空間では相手が委縮してしまいそうな場合など、こうした場を活用してみるのもよいでしょう。

（指導）
SHIDO

07 人が集まる職場は、人が逃げる職場は、「しずかちゃん式」「のび太式」か「ジャイアン式」

日本では、自己主張の強い人は「空気が読めない」と敬遠されがちです。しかし海外、特にアメリカのような多数の民族・言語・宗教が交じり合う国では、自己主張をしなければそもそもコミュニケーションが成立しません。相手の意見をしっかり聞いて尊重することも大切ですが、あまりに自発的な発言や主張がないと「この人は自分の意見がないんだな」とか「何を考えているのかわからない」と思われてしまうかもしれないのです。私も外国の友人たちから、「日本人は微笑んでいるだけ、イエス、イエスと言うだけで、何を考えているのかわからない。時には気味が悪く思えてしまう」と打ち明けられたことは、一度や二度ではありません。

そこで実践していただきたいのが「アサーション」です。アサーションは「適切な自己主張」「さわやかな自己主張」などと訳され、「人は誰でも自分の意見や要求を表明する権利がある」という立場に基づくコミュニケーションスキルの一つです。1950年代にアメリカで心理療法として開発されて以来、対人関係に悩む人のためのカウンセリングなどに広く取り入れられてきました。

あなたは、部下に仕事を頼みたくても「忙しそうだな」「もう帰ろうとしているから頼むのは悪いな」と気兼ねしてしまい、結局自分でやるはめになってしまうことはありませんか？　あるいは、「面倒だからやっておいて」「（自分が）部長に怒られるから早めに仕事を終わらせて」と、自分の都合ばかり優先させてはいないでしょうか？　これらはいずれも〝一方的〟なコミュニケーションであり、部下とよい関係を築けているとはいえません。

アサーションでは、お互いを尊重しながらも率直に自己主張できるようになることを目指します。

「まず自分のことを考えるが、相手のことも配慮する」という〝相互〟の対人関係が大前提なのです。

自分の主張を口にできない、言いたいことがあるのに抑えてしまう……これではまるで、「ドラえもん」に出てくるのび太のようです。言いたいことも言えずにジャイアンの言いなりになって、すごすごと家に帰ってはドラえもんに泣きついている。自分の感情や欲求を抑え込み、かなりストレスが溜まっている状態です。

一方、言いたい放題・やりたい放題のジャイアンはストレスフリーかというと、そんなことはないのです。自分の主張を押し通すために暴力的になったり常に怒っていたり、その結果周囲に敬遠されたりと、彼なりに大きなストレスを抱えていそうです。

それに対し、常に周りへの配慮は忘れない一方で、「のび太さんをいじめるのはよくない」とジャイアンにもきちんと主張するしずかちゃんこそ、アサーションの達人だといえます。

3人のキャラクターをまとめると、次のようになります。

ノン・アサーティブ（のび太タイプ＝非主張型）
自分よりも他人を優先し、自分のことは後回しにしがち
アグレッシブ（ジャイアンタイプ＝攻撃型）
自分のことだけを考えて、他人の意向を無視しがち
アサーティブ（しずかちゃんタイプ＝自他尊重型）
自分のことをまず考えるが、他人への配慮も忘れない

部下に強く言えないのび太タイプ、自分の都合ばかり優先させるジャイアンタイプの人は、配慮と自己主張の両方ができるしずかちゃんタイプを目指してみましょう。

次の図は、職場のケースで考えたときの主張の仕方の例です。定時ぎりぎりになって急に処理しなければいけなくなった業務を、どうしても部下に任せたいとき——のび太タイプの上司なら、そもそも言い出せず、無理して自分でやってしまい、泣き言を言うでしょう。では、ジャイアンタイプとしずかちゃんタイプの主張の仕方を比べるとどうでしょう。部下の気持ちはどう変わるか、想像してみてください。

アサーションでさわやかな自己主張を

アグレッシブ(攻撃型)

「急ですまないが、データAを明朝までにまとめてくれ。部長から急に指示があってね。君は今そんなに仕事ないはずだからできるよね。俺は子どもが熱出してるからさ、悪いけど帰るよ」

アサーティブ(自他尊重型)

「山田さん、急で申し訳ないけど、これから2時間ほど手伝ってもらえませんか。データAを明朝までにまとめるよう部長から指示があったんですが、今日うちの子が熱を出していて、どうしても早く帰宅したいんです。山田さんにそんなことがあったら絶対に助けるから、今日は助けてもらえませんか。データAに詳しい山田さんが頼りなんですが、難しければ吉田さんにも頼んでみます」

（指導）
SHIDO

08

人が集まる職場は、不満を受け止める
人が逃げる職場は、不満に同調する

「職場の悪口は家の猫に言え」。私がアメリカのペプシコ社で働いていたとき、社内でよく言われていた格言です。管理職・リーダー層にもなると、職場のさまざまな不合理や、よくない面も見えてくるもの。それでも「職場の不満を職場で言ってはいけない、言いたいときは家に帰ってからペットにでも聞いてもらいなさい」という教えです。

さらにこの言葉には、「たとえ部下が職場の悪口を言っていても、部下と一緒になって悪口を言ってはいけません」という意味も込められています。私は最初に聞いたときこそあまり納得できなかったのですが、今考えるとなかなか奥が深い言葉だなと思います。

仕事がおもしろくない、給料が安い、休みがほしい……会社の愚痴や不満を言う人はどの会社にもいます。普段は我慢していても、喫煙所やお酒の席などで一緒になったときに、ポロっと本音が出てしまうこともあるでしょう。

しかし、もし部下が会社への不満をこぼしていたとしても、上司は「そうだよな、自分も早くこんな会社辞めたいよ」なんて一緒になって悪口を言ってはいけないのです。そのときはお互いに話が合ったとしても、冷静になって考えたとき、やはり会社の悪口を言うような上司についていきたいと思うような部下はいません。もし部下と同じような不満を持っていたとしても、その場ではぐっとこらえるべきです。

もちろん、部下の不満に対して「そんなことを言う人間には、給料を払わないぞ！」と説教したり、逆に何も言わずに黙ってしまったりするのもあまりよい対応とは言えません。「上司は自分よりも会社の味方なんだ」などと、部下に反発心が芽生えてしまいます。

それよりも、「君がそう感じるのもよくわかるけど、私も立場的にそう言うわけにもいかないからね、辛いんだよね」と、正直で自然な言い方で、「君の気持ちは理解しているよ、受け止めているよ」と伝えてあげるのがいいでしょう。

そうすれば部下もある程度は納得してくれるでしょうし、「共感はできるけど、同意はできない」という板挟みの立場も察してくれるはずです。

一方で、「昨年より会社の業績が下がっている」「入社3年以内で辞める人が多い」といった会社の問題点を、悪口としてではなく事実として話す、というのは必ずしも悪いことではありません。ネガティブな内容とはいえ事実ですから、会議や面談、部下に尋ねられたときなど、しかるべき場面で下手に隠すような必要はありません。しかし、そこに個人的なマイナス感情を挟んで、「こんな会社、やる気なくすよな」などと言うのはNG。何事も限度が大切です。

会社の不満でなくても、部下の愚痴を受け入れる懐がある上司は慕われます。たとえば、海外出張があるような職場で、英語ができなくて悩んでいる新入社員がいたとしましょう。一生懸命勉強しているのに、なかなか身につかない。そんな部下が「英語を見ると吐き気がして、もうやる気が出ないんですよ」と愚痴をこぼしたとき、上司としては「がんばれ、やればできる」と叱咤激励する前に、「吐き気がするほど辛い思いをしている」という点をまず受け止めてあげてください。とはいえ、いつまで経っても英語が上達せず海外出張ができないというのも問題ですから、「わかったよ。そんなに辛いならもう勉強しなくていいよ」とも言えませんよね。ではどうしたらいいかというと、愚痴を聞いて「そうだよね、大変だよね」と相手の辛い心境を受け止めてから、「わからないところは教えるよ」「こんなやり方はどうだろう」と前向きにサポートしてあげるのが理想的です。これなら、きっと部下も挫折せずにがんばることができるはずです。

（等身大）
TOSHINDAI

09 人が集まる職場は、等身大の上司がいる 人が逃げる職場は、エリート上司がいる

本書をここまで読んで、改めて「管理職って大変だな」と感じた方も多いのではないでしょうか。ひと口に管理職といっても、その役割は実に多岐にわたっており、やらなければいけない仕事は一気に増えることになります。

私が考える、管理職の主な仕事は次の４つ。

①マネージャー：売上や経費、勤務時間など数字や制度の管理・調整をする。
②リーダー：ビジョンを示しチームをまとめ、やりがいを与え、自己啓発を促す。
③コーチ：部下と伴走しながら、直接的・間接的に指導やアドバイスをする。
④カウンセラー：部下の話を傾聴して共感を示し、心理的な安心と気づきを与える。

これまでは、管理職といえば①〜③の役割で語られることが多かったものですが、現代のような「不安の時代」においては、④のカウンセラーとしての役割も強く求められるようになりました。

管理職は、この4つの役割を時と場合によって使い分け、組み合わせていく必要があります。

しかしながら、4つの役割すべてを高いレベルでこなせる人なんて、まずいません。大事なのは、4つすべてを完璧にこなせる「エリート上司」になることではなく、完璧でなくてもいいから、部下とともに悩み成長していく、そんなパートナーのような上司になることです。

トピック08において、部下から会社の悪口を言われたら「共感はしても同調はしない」という姿勢を見せよう、という話をしました。そのように上司としての立場を意識することはとても大切なのですが、時には「上司」の顔ではなく、一人の「人間」としての顔を見せることもまた大切なこともあります。部下が「不安」になっているときは特にそうです。

「仕事がうまく回せずパニックになってしまう」と悩んでいる部下に対し、「そのうちできるようになるさ」と声をかけるより、「私も君くらいの年齢のときはそうだったよ」、「僕も今新入社員の教育をやっているんだけど、教え方が難しくてパニックになるよ」などと、自分の弱い一面を出してみる。すると部下は、「ああ、上司でもそんな風に思うんだ」と、ホッとするはずです。

何でもできる完璧な上司を目指すのもいいですが、「自分にだってできないことはある」と、等身大の姿を見せることが部下を励ますこともあるのです。そう思えば、上司であるあなた自身の気持ちも少しは楽になるのではないでしょうか?

ただ、あまり弱い部分を出し過ぎると「頼りないなあ」などと思われてしまうかもしれないので、マネージャー、リーダー、コーチ、カウンセラーの４つの役割をある程度こなしながら、バランスをとっていきましょう。

（等身大）
TOSHINDAI
10
人が集まる職場は、服装を使い分ける
人が逃げる職場は、常にネクタイ

ビジネスにおいて、第一印象は重要です。身だしなみや持ちものに気を使い、一流のものを選んでいる方も多いでしょう。私も、アメリカの大統領が愛用したという頑丈で質のいい鞄を持っていますし、特に気を使う必要のある企業のトップクラスと会うようなときは、身に着けるスーツやネクタイにもかなり気を配っています。

でも、もしそのような〝完全装備〟が常であった場合、部下はどのような印象を抱くでしょうか？

「自分も上司と同じように、常にきちんとした格好をしていなければ」
「礼儀やマナーに人一倍厳しいんだろう。決して失礼がないように振る舞わなければ」

このように考えて、緊張してしまうかもしれません。言い換えれば、こちらはそんなつもりはないのに、相手に威圧感を与えてしまっているかもしれないのです。

私は講義で大学に行く際、カジュアルなデイパックを持つことが多いです。足元も革靴ではなく、ウォーキングシューズを履いていることもあります。これは「学生相手なんだから、適当な格好でもいいだろう」と気を抜いているわけではありません。適度に力を抜いた服装にすることで、本来立場が違う相手にも対等な印象を与えられるようにしているのです。実際に、私の研究室には度々学生や卒業生が訪れ、「卓さん、卓さん」とさまざまな話題を提供してくれたり、相談を打ち明けてくれたりします。これは、何もしなくても自然と慕われる……というより、普段から学生に親しまれるよう、ある程度意識的に振る舞っているということです。

このように服装を使い分けることは、アメリカで仕事をしているときに学びました。アメリカの企業は、健康とストレス管理に対し日本より熱心な印象があります。マンハッタンやウォールストリート、シリコンバレーなどの超一流企業で働いている人たちの多くは、体を締め付け、心身の負担になるような服装は避け、ラフな服装を好みます。鞄はデイパックですし、スニーカーを履いている人もたくさんいます。

しかし、日本の大手町や丸の内にあるような一流企業、それも課長クラス以上の人は特に規律やマナーを重んじますから、まずスニーカーでは歩いていませんね。私は、そこを少し緩めてみてはどうでしょう、と提案したいのです。通勤するだけでも大変なのに、毎日そんなにきっちりする必要は本当にあるのでしょうか？

たとえば、いつも高級な革靴を履いている課長さんが、1日社内でミーティングをする予定の日には少し気を緩め、スニーカーを履いてきたとします。すると部下は、「部長もスニーカーなんて履くんだ」と、ちょっとした親近感を感じてくれるのではないでしょうか。**自分とは立場が違う、もっと上の人間だと思っていた上司が、意外と自分と近い目線を持っていると感じたら、部下も心を開いてくれるかもしれません。**

ネクタイもまたしかり。私も海外出張は多くしてきましたが、その国において堅い業界・業種の企業であっても、社員がきっちりネクタイをしていることはほとんどなかったのです。アメリカの大企業の買収交渉に立ち会ったときでさえ、相手のオーナーはカジュアルな服装で、ノータイでした。私は背広にネクタイでしたので、なんだか居心地が悪かったのを思い出します。

常にネクタイをしていると首が締まり、呼吸も浅くなってしまいます。文字通り「息がつまる」思いを自ら進んでする必要はないのではないでしょうか。

「どうしても背広にネクタイでなければ居心地が悪い！　カジュアルな服装をするほうがストレスになる」というのなら、もちろんそれでもいいんです。でも、常にビシッとした格好をしていると、時には固苦しくとっつきにくい印象を与えてしまうこともあるということを覚えておいてください。たまには相手や状況に合わせてラフな格好をしてみるのもよいのではないでしょうか。「課長、そのバッグおしゃれですね。どこで買ったんですか？」なんて、服装や持ち物をきっかけに部下との会話が広がるかもしれません。

また、自分がきっちりしたいからと、それを周囲に強要することもよくありません。部下が少しラフな格好で出社したとして、それが明らかに場にそぐわないのでなければ、「仕事をちゃんとしていればいいよ」と受け入れられる余裕を持っていてください。

いつもネクタイ、いつも同じスーツ、同じ鞄、同じ革靴という人は、「今日は外回りがないから、ネクタイははずそう」というところから始めてみてはいかがでしょうか。

服装を使い分けて、親しみやすい上司に！

常にピシッとしていて
隙がない上司

- 常にネクタイ
- 常にジャケット
- 高級そうな鞄
- 高級そうな靴　など

ラフで
話しやすそうな上司

- ノータイ
- ノージャケット
- ビジネスリュック
- スニーカー　など

（等身大）

TOSHINDAI

11

人が集まる職場は、時には凹む
人が逃げる職場は、いつでもポジティブ

エグゼクティブコーチングの第一人者であるマーシャル・ゴールドスミス氏は、著書『コーチングの神様が教える「できる人」の法則』（日本経済新聞出版社）の中で、リーダーが陥りやすい「20の悪癖」をリストアップしています。「経営者やリーダーの多くが持つ20の悪癖が、職場に悪い影響を与えている」とのことで、非常に興味深い内容です。

「極度の負けず嫌い」「人を傷つける破壊的なコメントをする」……どれも頷ける悪癖ですが、中には「きちんと他人を認めない」「人の話を聞かない」といった、まさに「傾聴」と「共感」ができないことを表すものも含まれます。このような悪癖を持つリーダーばかりの職場は、まさしく〝人が逃げる職場〟といえます。

リーダーが陥りやすい「20の悪癖」

①　極度の負けず嫌い
②　何かひと言価値を付け加えようとする
③　善しあしの判断を下す
④　人を傷つける破壊的なコメントをする
⑤　「いや」「しかし」「でも」で話を始める
⑥　自分がいかに賢いかを話す
⑦　腹を立てている時に話す
⑧　否定、もしくは
「うまくいくわけないよ。その理由はね」と言う
⑩　情報を教えない
⑩　きちんと他人を認めない
⑪　他人の手柄を横取りする
⑫　言い訳をする
⑬　過去にしがみつく
⑭　えこひいきする
⑮　すまなかったという気持ちを表さない
⑯　人の話を聞かない
⑰　感謝の気持ちを表さない
⑱　八つ当たりする
⑲　責任回避する
⑳　「わたしはこうなんだ」
と言いすぎる

マーシャル・ゴールドスミス著『コーチングの神様が教える「できる人」の法則』より

ところで、他人を認めない、人の話を聞かない……実はこれ、私自身も危ないのですが、〝自称・ポジティブシンキング〟な人ほど陥りがちな悪癖でもあります。

一般的に、ポジティブシンキングは〝よいもの〟とされます。心身によい影響があったり、パフォーマンスがアップしたりといったメリットがあるのは事実です。書店に行けば、プラス思考やポジティブ心理学に関する良書はたくさんあるでしょう。

しかし、「何でもかんでもポジティブに考えなければいけない」という状況に疲れ、反動で不調になってしまう人が少なくないのもまた、事実です。精神的なストレスに対し、見ないふりをしたり無視したりする人は、仮にその場は乗り切れても、実は内面で傷を負っており、徐々に心身に不調をきたすことがあります。ひどい場合には、平気な顔をしていても実際はうつの状態になっている「仮面うつ」と呼ばれる症状を引き起こすこともありえます。

ですから、相手が落ち込んでいるときやネガティブな気持ちに傾いているとき、相手の話も聞かず「いや、それは考えすぎだよ」「もっと前向きに、明るく考えよう！」と無理やりポジティブに励ますのは、相手にとっては単なる押し付けに過ぎず、逆に傷つけてしまうこともあるのです。

また、上司自身が無理やりポジティブに考えようとした結果、心身を壊していては元も子もありません。ポジティブシンキングを曲解すると「ネガティブな要素を打ち消して、すべてのことに感謝し、何事も前向きに考えよう」といった解釈になってしまいますが、そんな状態は長続きしません。むしろ長続きさせなくていいのです。上司である以前に人間ですから、いつも機嫌よくニコニコしているのは不可能。嫌なことがあったり失敗したりしてしまったら、たまには素直に凹むのも必要です。

何でもかんでもネガティブに捉えて、弱気な面ばかり見せる上司には、部下はついていこうとは思いません。けれど、無理にポジティブに振る舞ったりそれを押し付けるような上司もまたしかりです。**常にポジティブ・常にネガティブと極端にならず、自然体で、失敗して凹むこともあれば、後にそれを笑い話にもできる……そんな上司の方が、「いついかなるときも明るく前向きです」といった上司より、よっぽど人間味があって信頼されるのではないでしょうか。**

自分の普段の振る舞いを振り返ってみてください。〝自称・ポジティブシンキング〟になっていませんか？　辛いときに無理して前向きに考える必要はありませんので、もう少し肩の力を抜いてみてください。

（等身大）

TOSHINDAI

12

人が集まる職場は、プライベートの話が盛り上がる
人が逃げる職場は、仕事の話しか盛り上がらない

パソコンを使ったデスクワークは、ここ20～30年ほどですっかり定着しました。私が若手社員だったころにはとても考えられなかったことです。1980年代以前の日本では、デスクにはパソコンではなく電卓、さらに上の年代の社員の場合はそろばんが置いてあり、数字の計算はすべてそれらに頼っていました。

1980年代以降、いつのまにかオフィスに1台パソコンが置かれるようになり、さらに1人1台置かれるようになりました。パソコンがインターネットに繋がり、社内だけでなく社外ともいつでも当たり前に繋がれるようになって、今では誰もがネットを駆使して仕事している。電卓をたたいて固定電話やファックスで応対していた私にとって、その進化には目を見張るものがあります。

その目覚ましい進化の一方で、なくなってしまったものもあります。昔の職場では

当たり前にあった「雑談」や「談笑」です。かつてのビジネスパーソンの多くは、9時に出社したら、まず世間話から一日をスタートしていたものでした。始業時間から15分～30分ほど過ぎるまでは、お茶やコーヒーを飲み、業界新聞などを読みながら談笑しつつ、仕事の準備をするのが常でした。そこではもちろん仕事がらみの話が多いのですが、趣味の話や「子どもが熱出しちゃって」というような家庭の話も日常的に交わされていました。

今だったら、「そんな習慣は非生産的だ。そんな職場は変えなきゃダメだ！」と言われてしまうかもしれませんね。でも、その時間のおかげで気持ちがほぐれていたのは事実です。プライベートで不安を抱えていても、それを世間話として同僚や上司に打ち明けられる安心感がありました。

今では出社したらすぐにパソコンの電源を入れて、みなさん黙々と仕事を始めます。もちろんその姿は社会人としてまったく間違っていません。しかし、もし上司であるあなたが常にそのタイプの人だったら、部下も遠慮してしまい、仕事以外の話に花を咲かせることもなくなっていくと思います。

もちろん、「職場でプライベートな話はしたくない」「生産性の高い朝こそ一人で黙々と仕事をしたい」「気が散らない環境で集中して仕事をしたい」という考えはとてもよくわかります。そのような人が現代では大半かもしれません。一人あたりの生産性を高めようとしている職場ほど、社内で雑談をするのは気が引けるかもしれません。

しかし、雑談や息抜きの時間にはメリットがたくさんあるのです。それらをすべて「無駄」と捉えず、上の立場の人ほどそのプラスの面をしっかり理解してほしいと思います。間違った「生産性」に囚われ、直接的な仕事以外のことは何でも「無駄だ」と切り捨てる管理至上主義が蔓延すると、いるだけで息がつまり、居心地の悪い思いをする職場になってしまいます。コストをかけずに職場の雰囲気を改善できる「雑談」を切り捨ててしまうのは、もったいないことではないでしょうか。

また、仕事以外の話もできるような関係性になるほど、「課長、そういえば先日の案件で困ったことがあって……」などと、仕事に関するちょっとしたことでも話しやすくなるもの。上司が催促しなくても自然に「報連相」が生まれるような関係に近づくことができます。

職場においても、プライベートな話ができる時間と心の余裕を持っていただきたいものです。そのために、まずは上司から雰囲気をつくる必要があります。特におすすめなのは趣味の話題を広げてみることです。釣り、ゴルフ、山登り、テレビ、音楽、本や漫画、猫好き、犬好き……何でもいいのです。相手が新人であれ、難しい条件をぶつけてくる取引先であれ、１つでも共通の趣味を持っているとわかれば、互いの距離は一気に縮まります。

私たちの世代の若い頃の趣味といえば、車やゴルフ、麻雀、スキー、釣り、野球観戦という人がほとんど。たまにギター、ボーリング、旅行、映画などでしょうか。娯楽がまだ少なかったので、共通の趣味を持つ人が自然と多くなりました。

しかし、今の時代は趣味・嗜好が多様化しているので、世代の違う部下と趣味が一致することは少ないかもしれません。私が普段接している学生も同様です。しかし、中には「車が好き」という学生も当然いて、親のような世代の教授と車の話題で盛り上がっている光景を目にしたことがあります。私もホンダのスカッシュという50CC

の原付バイクを所有していますが、このバイクは30年ほど前のものながら今も「レトロでシブい」と人気があるようで、バイク好きの学生とのあいだではとても話が盛り上がります。学生からすれば、今まで「自分よりずっと年上で、試験に厳しい、とっつきにくい教員」と思っていたぶん、自分と同じ趣味を持っていると知ったときの驚きと喜びはひとしおなようです。

職場の人々とは毎日顔を合わせ、1日のうち家族といるよりも長い時間を共に過ごしているのです。始業前やお昼休み、休憩時間、仕事に余裕があるタイミングなどを利用して、ぜひ気軽な会話をしてみてください。

（多様性）
TAYOSEI

13

人が集まる職場は、「多流」志向
人が逃げる職場は、「一流」志向

ニュースや新聞でもここ数年、「ダイバーシティ」という言葉をよく見聞きするようになりました。経済産業省も、多様な人材の活躍は「少子高齢化の中で人材を確保し、多様化する市場ニーズやリスクへの対応力を高める」として「ダイバーシティ経営」を推進し、日本経済の持続的成長にとって不可欠であるとしています。企業にも、これまで以上に個人を尊重し、その違いを互いに認め合う職場づくりが求められます。

そこで、職場などで陥りやすい〝アンチ・ダイバーシティ〟な考え方をいくつか挙げてみました。あなたは多様性を受け入れられない、少し頭の固いビジネスパーソンになっていないでしょうか？　当てはまる項目がないか、ぜひチェックしてみてください。

・【性別】「管理職＝男性」という思い込み

世界経済フォーラム（ＷＥＦ）が発表した男女平等の度合いを示す「ジェンダー・ギャップ指数」２０１７年版報告書において、日本は調査対象１４４カ国のうち１１４位という散々な結果を残しています。男女雇用機会均等法が施行されて30年あまり、未だに日本では男性優位の考えが根強く残っていることが伺えます。

私が過去に勤めてきた外資系企業においては、女性の上司や管理職、幹部は当たり前に存在しており、どなたも尊敬できる方ばかりでした。仕事面はもちろん、ワークライフバランスの面でも理想的な働き方をされていて、憧れたものです。

また数年前、中国の官庁で行われたメンタルヘルス対策についての会議に参加したとき、中国の役所における課長クラスの方々とお会いしたのですが、10人ほど集まったうち過半数は女性でした。日本では「お役所の管理職」というとやはり男性中心の印象があり、少々驚いたのを覚えています。

性別を理由に優秀な人材が活躍できないことは、職場にとってもマイナスでしかありません。特に女性の管理職・幹部について、日本ではまだ珍しい存在のように捉えられがちですが、国際的な観点から見ても、「女性の活躍や管理職・幹部はごく当たり前」という認識が浸透していないのは遅いように思います。

・【国籍】自国以外の人種・文化を受け入れない

グローバル化が進んだ現代において、国籍が違う人と日常的に接したり、一緒に働いたりすることも珍しくなくなりました。訪日観光客という形で接点が増えたと思う人も多いでしょう。そうなると、言語の違いはもちろん、それぞれの国の文化・マナーの違いを感じることも増えるものです。時には「理解できない」「一緒に働きづらい」「嫌いだ」と感じる場面もあるかもしれません。

それらのギャップに対して、「郷に入っては郷に従え」とばかりに拒否反応を起こす人もいますが、それでは自分も相手も不快になり、ますます関係性が悪くなるだけです。特にビジネスの世界においては得策ではありません。「ふーん、この人の国ではこれが当たり前なんだ」と受け入れ、「こんな考え方もあるんだ、勉強になるな。自分もこの国に行ってみたい」と楽しめる余裕を持ちたいものです。

さらに、自分から話しかけたり、相手のやり方に合わせたり、ギャップから学べることはないか考えてみる……そういった柔軟で前向きな視点を持てる人は、グローバル化の進行と比例してますます活躍できる人材といえます。むしろ、このような視点を持てなければ取り残されていくだけ、といっても過言ではないかもしれません。

・【年齢】徹底した年功序列

日本では未だに「年長者は敬い立てるもの」という意識が強く、私も先輩・後輩の上下関係を非常に気遣うことがあります。いつのまにか、私自身が年長者として過剰に気を遣われてしまうことも増えました。その配慮が嬉しいことも事実ですが、仕事の現場において、年齢や入社年次で序列をつけることはそれほど重要とは言えません。「年長者は経験値が高く、有能で実力があり、人格も優れている」などとは必ずしも言い切れないことは、読者のみなさんもおわかりではないでしょうか。

日本には、年功序列に縛られながらも好業績を上げている企業が一定数ありますが、個人的には社員の心情やストレス度に懸念を覚えます。男性優位の考えと同じく、年齢を理由に優秀な人材の能力が活かされないことはもったいないですし、「年齢が上の人ほど優秀で偉い」「若い人は未熟で役に立たない」といった固定観念にとらわれていると、視野が狭くなってしまいます。

私は大学教員として、日頃から若い世代の学生たちと接する機会が多くあります。ビジネスの世界とは違い、学生たちには遠慮がありません。年長の私に対してため口になることもあります。また価値観の違いを感じる場面も多々あります。

たとえば私にとって、こだわりのマイカーを持つことは趣味であり、生きがいです。中高年の読者であれば同じ考えの方もいらっしゃるかと思います。ところが、今の学生は不思議そうに、「先生、車なんて、なんで必要なの？」と尋ねてくるのです。

ここで「若い人とは考えが合わない」と切り捨てるのは簡単です。しかし、「どうして必要ないと思うの？」と議論を持ちかけると、カーシェアだの、公共の鉄道やバス、LCCの活用だの、駐車場の相場だの、新しい話題が次々に出てきて、こちらも勉強させられることが多いのです。時には視点を180度変えさせられるようなことさえあります。

若者は時代を映す鏡。彼らの感覚、常識こそが今、そして未来のスタンダードなのです。若手社員を「理解不能な存在」と敬遠する前に、彼らの言動・行動から時代のニーズを知りましょう。自分とは違う価値観に触れることは、決して損ではありません。

・【働き方】正社員絶対主義

2008年のリーマンショックによる経済危機の際は、大手企業を中心とした「派遣切り」が社会問題となりました。当時は未曽有の事態でしたので致し方ない点もあったのでしょう。しかし今もなお、「正社員絶対主義」的傾向を持つ職場も多くあります。

個人の事情などでやむをえず、あるいは縛られない働き方を好み、派遣社員という働き方をあえて選んでいる人も多くいます。私も派遣社員が正社員以上に意識や能力が高いケースを多く見てきました。また、アルバイトにも優秀な人は多く、多くのことを学ぶことが可能です。学生たちにアルバイト先の職場の問題点や改善点について議論させると、ハッとするような、そのまま経営者に伝えたいほど有益な意見が出ることが多くあります。

多様な価値観と雇用形態が存在する現代において、すべての人が公平な雇用条件と報酬のもとで協力し合えることが理想的ですが、そんな職場はそう多くないのが実情です。「働き方改革」を推進するのであれば、多様な雇用形態や働き方に基づく公平な制度づくりについて、個々の企業においてももっと議論されるべきでしょう。

これらの〝アンチ・ダイバーシティ〟な考え方は、日本の職場で陥りがちな「認知の歪み」でもあります。

私たちの物事の見方や考え方、他人に対する印象や評価などは、必ず「自分の主観」というフィルターを通しています。必ずしも公正かつ客観的とは言えず、多かれ少なかれ主観が入ります。その主観、先入観によって「認知の歪み」が大きくなればなるほど、多様性を受け入れられなくなり、偏見や差別が生まれてしまいます。

私の経験の中では、外資系企業が多かったというのもあってか、上司がかなり年下の女性だったことは何度もありました。さらに国籍も違うアメリカ人の女性が上司だったことも二度あります。彼女たちからは多くのことを学びましたし、男性が上司のときと同じくらい、あるいはそれ以上にのびのびと働くことができました。

何事も「一流」を求めることは結構ですが、いつのまにか世間的イメージや多数派・少数派などのフィルターにとらわれ、「○○が絶対だ」「○○以外は認めない」「○○が最も優れている」といった画一的な価値観に染まってしまってはいないでしょうか。自分とは違うものを排除することは、自分自身の成長を止めることにつながります。それよりも、ダイバーシティを受け入れ、取り込むことで自分のパワーに換えていくほうが、これからの時代において活躍できる人材になれるでしょう。

自分とは違う視点を知り、多様な価値観があることを認められる「多流」志向をぜひ目指してみてはいかがでしょうか。

「一流」志向より「多流」志向で職場はゆたかになる

（多様性）

TAYOSEI

14

人が集まる職場は、中身から入る
人が逃げる職場は、型から入る

会社の名前や職種、資格、経歴、学歴……日本は肩書きというものに非常に固執する国だなと感じることがあります。もちろん一流企業に勤めていることや名門大学出身であることを誇りに思い、自分に自信を持つことは、それはそれで大事なことです。問題なのは、それを自分の中の秘めたプライドにしておかず、職場の人間関係や評価に持ちこむこと。**それらの「型」や「形式」への意識はうがった先入観を生みやすく、マイナスに働く場合が多くあります。**

たとえば、学歴。かつての日本社会では、学歴へのプライドやコンプレックスにこだわる人が多数いました。部下が自分よりもいい大学を出ているというだけで「気に入らない」ときつく当たるような露骨な人もいたのです。今の時代ではパワーハラスメントに抵触してしまうリスクを抱えている人たちです。

逆に、一流といわれるような大学を出ていることで自信過剰になり、それをひけらかしたり、まわりを見下しているような人も昔はかなりいました。残念なことに、そういう人は定年退職してからもその意識が抜けません。なにかと自分の経歴や学歴などを無意識に自慢してしまうので、周りから敬遠されますが、それにも気づかないのです。

今ではそのような「型」にこだわらない人も増えてきましたが、未だに一定数は存在しています。

グローバル化の進展に伴い、日本においても、ハーバード大学やスタンフォード大学など「世界レベルの超エリート」とも言えそうな学歴を持つ方が増えています。私にも結構な数の知り合いがいます。そのような名門大学の名前を聞くと、我々はつい過剰に身構えてしまうこともあります。しかし、実際に仕事や研究でお付き合いしてみると、彼・彼女らは私たちと同じような生活を送り、時にはポカミスもするようなごくふつうの人たちです。勝手な先入観で態度を変えたり、一方的に期待値を上げたりしていたら、互いに接しづらく、良好な関係を築くことは難しくなってしまうでしょう。

このような経歴や肩書きといった「型」にこだわる日本の傾向は、「名刺交換」という文化にも色濃く出ているように思います。日本人は初対面の相手に会うとき、まず決められた形式に則って律儀に名刺を交換します。はじめから肩書きありきでコミュニケーションが始まるわけです。そこで「自分は一流企業に勤めているんです」といった後ろ盾のアピールをされる方も時々いますし、逆に、受け取った名刺に書かれている会社名を見て態度を変えられる方もいます。

日本における名刺交換は一種の様式美であり、関係づくりのための重要なツールになっているのは事実です。私もいただいた名刺はスキャンしてデータベース化し、大切に管理しています。しかし、できることなら名刺に書かれている肩書きは外し、個人対個人でコミュニケーションを取ることで信頼関係を築き、名刺がなくても存在を覚えてもらえるようになるべきと思います。

そのことを痛感したエピソードがあります。海外のとある企業と初めて会議をしたときのことです。私は自己紹介で「私の会社はこういう大きな会社です」という話を延々としてしまっていたようで、突然、相手に話をさえぎられてしまいました。そして、「会社の説明ではなく、〝あなた〟はそこで何をしている人なのか話してくれ」と言われてしまったのです。

また、中国で頻繁に仕事をするようになってからも似たような経験があります。中国人のビジネスパートナーで、後に親友にもなった男性から、あるとき「中国人は相手の会社の看板を見て取引しているんじゃない、個人として信頼できるかどうかで取引しているんだ。会社やブランドは二の次だ」と言われたのです。

このような経験から、私自身、日本の持つ独特の固定概念に固執していたことが浮き彫りになり、「『型』にこだわるより、『中身』を磨く方を重視しなくてはならない」と反省させられました。

自分の肩書きや経歴に誇りを持つことは大切です。しかしひとたび国境を越えて、人や文化が変わってしまえば、それらの「型」にこだわりすぎても意味がないのです。

組織内の役職や肩書きなども同じことです。自分が「課長」「部長」といった役職であることを理由に、日常的に強権をふるえば、部下を委縮させますし、時にはパワハラになってしまいます。

これも海外の例となりますが、アメリカなどでは、たとえ社長であっても、新人を含む社員たちからファーストネームやニックネームで呼ばれていることが多いものです。私も外資系勤めの時代には、上司・部下を問わず、下の名前の「卓（たかし）」の漢字を音読みした「タックさん」というニックネームで呼ばれていました。今も大学のゼミの学生たちからは「タク先生」と呼ばれています。

一方日本の会社では、○○次長、○○室長などと細かく役職名が分かれていて、少しでも役職名を間違えれば大変な失礼になることもあります。これは、いかにも日本式の型にはまっていて、私は少し堅苦しさを感じてしまいます。

日本の職場において、立場に関係なくニックネームやファーストネームで呼び合うようになるというのは、あまり現実的な話ではないと思います。しかし、役職名を付けて呼び合うことを暗黙のルールとせず、「田中室長」よりも「田中さん」と呼ばせるなど、もう少しフランクに接してみれば、職場の雰囲気は変わるはずです。

〝役職・立場や年齢が上の人〟というのは、下の人、特に新人からすれば、上司が思う以上に遠い存在、時として怖い存在のように感じているものです。そのような関係性であることにメリットは何もありません。

役職という「型」を外し、フランクな態度で接してくれる〝等身大の上司〟の方が部下も心を開きやすく、長期的に見てよい関係が築けますし、人が集まってくると思います。

（多様性）

TAYOSEI

15

人が集まる職場は、異質なものを受け入れる 人が逃げる職場は、異質なものを排除する

毎年、入社3年以内の若手社員のうち3割近くが退職していきます。「最近の若者は辛抱が足りないな」なんて年長者からは思われがちですが、実はここ20年ほど、その割合はほぼ変わらず推移しているといいます。最近では、入社1年以内で辞めてしまう人も少なくありません。

なぜ、そのような短期間で一定数の若手社員が辞めてしまうのでしょうか？　退職理由は人それぞれです。法律や就業規則が守られない、上層部がワークライフバランスを尊重しない、ハラスメントが横行している、など企業の根本的姿勢への失望もあるでしょう。大学の教え子たちから、「いい会社だと思って入ってみたらブラック企業

だった」なんて話を聞くのもよくあることです。

しかし最も多いのは、やはり自分が所属する〝職場〟レベルでの、コミュニケーションやマネジメントにおける問題です。特に「直属の上司・マネージャーとの相性が悪く、職場に行くのが苦痛だった」「周囲の人々との間に違和感を感じ、職場に馴染めなかった」などの訴えは非常によく耳にします。

私の身近な経験でいえば、以前、ＬＧＢＴを自認する新人を採用したことがありました。はじめは人事担当も私も少し戸惑いがあったのですが、一緒に仕事をしてみると、仕事熱心で技術が高く、人格も優れた、非常に優秀な人でした。

ただ一番感心したのは、ユニークな感覚や発想を持っていて、それを積極的に発案してくれたこと。私を含む周囲の人々も啓発され、これまでにない学びを得ることが多くありました。たしかに独特の存在感もありましたが、もしここで周囲が壁をつくっていたら、貴重な人材であるにもかかわらず、早々に会社を去ってしまっていたのではないかと思います。

これはＬＧＢＴの方に限った話ではありません。そもそも世代の違う〝新入社員〟という存在そのものが、ベテランの社会人にとっては〝異質〟でしょう。そこで、「自分とは違う」「理解できない」と迷惑がり、排除しようとする人たちが必ずいますが、これは本当に残念な話です。

そもそも、個性が違う者同士が集まり切磋琢磨するというのが、組織のおもしろさだと思います。同じような人ばかり集められた職場ではつまらないし、イノベーションも生まれないはずです。それぞれの変わったところを認め、「君はおもしろい奴だな。気に入った！」と理解を示す上司が増えていけば、無理に企業の外面をよく見せなくても、自然に人は集まってきます。

自分と相性のよい人を集めて仕事をするだけでは、上司も部下も成長できません。

それればかりか、ダイバーシティが推進される現代において、生き残っていくことも難しくなります。知名度があり待遇もよい大企業などは人気があり、最初から優秀で統率しやすい人たちを抱え込むことも可能かもしれません。しかしリストラや出向、独立、定年など、いざ企業の枠組みを離れて個人の力が試されるとき、相性のよい人としか成果が発揮できないようでは、たちまち立ち行かなくなります。そのようなことは私も経験していますし、友人や元上司・同僚たちの事例も多く見てきています。

トピック13「多流志向」の話にも通じてきますが、自分にとって肌が合わない部下や上司であっても、その違いの中から学ぼうという姿勢を持つことで、人は成長できます。〝異質〟な存在を排除するのではなく積極的に受け入れようとする未来志向の職場であれば、多種多様な力を持つ人々が集まってくるのではないでしょうか。

パワハラにならない叱り方のヒント

・「かりてきたねこ」(P63)を心がける。

・ストレスのはけ口に利用していないか。
「すみません」と謝罪の言葉が出るまで叱る、追い詰めることを着地点として叱る癖は問題あり。自分がストレスを溜めている可能性が高いので、自分のメンタルケアを日頃から心がける。

・激高しやすい人は、叱る前に腹式呼吸する。吸う息より、吐く息を2倍以上にして練習をしておく。

・トイレの鏡で自分の表情、雰囲気を確認する。怖い顔をしていないか。

・本人が失敗したと自覚しているミスは、 傷を深めない叱り方が必要。
「もうわかっているので言いませんが、〇〇さんらしくないことだったので驚きましたよ」の一言で済む場合も多い。

・なぜ叱るのか、理由と必要性を先によく考える。更に自分だったらどうされたいか、相手の立場に置き換えるシミュレーションをするとよい。

・タイミングは適切か。午前中にむっとした部下の失敗も、午後には許せることが多い。後で判明する自分の勘違いも多い。

コラム1 無自覚な〝善意型〟ハラスメントに要注意！

やっている本人は善意のつもりが、相手にとってはストレス。そんな”グレー”なハラスメントの話をよく耳にします。「なんでもハラスメントと言われ、身動きがとれないよ……」と上司の嘆きが聞こえてきそうですが、ちょっとしたすれ違いがこのような結果につながってしまうのは、お互いに悲しいこと。無自覚なハラスメントを起こさないための注意点をお伝えします。

〈セクハラ混合型〉

セクシャルなことやプライベートなことに関する行為・言動で負担をかけるタイプ。本人は誉めたつもりで性差に言及する、性差を理由に仕事を振る（振らない）などがあります。関連して、妊娠中の方に対する「マタニティハラスメント混合型」も。


「男（女）の人だと先方が渋い顔をするんだよね」

「男（女）の人のほうが先方も喜ぶからさ」

「女性（男性）なのにすごいね！」

（妊娠中の方に）「そんなにお腹が大きいなら、もう会社来ないほうがいいよ」

〈無責任型〉

自分のことにしか興味がなく、部下や周囲に対して興味や責任を持たないタイプ。関連して、本社から支社などに出向してきて、とにかく問題を起こさないことを第一に考えている「腰掛け」型も。


「そんなの部長が許すわけないから、考えたって無駄だよ」

「私は2、3年もしたら本社に帰るので、私に言われても……」

無自覚なハラスメントの例

無自覚にやってしまっていることが多い
ハラスメントの例として、4つのタイプをご紹介します。

〈情緒不安定型〉

気分の浮き沈みが激しく、それが表に出やすいタイプ。ストレスや機嫌の悪さが態度に出てしまいがちな人は要注意です。

- **溜め息や貧乏ゆすりを連発する**
- **ドアを乱暴に閉める、資料を雑に扱うなど、動作が荒っぽくなる**

〈ワークライフバランス無視型〉

プライベートより仕事を優先させることを周囲に強要するタイプ。自分が「仕事第一」タイプの上司に多く見られます。

「俺はこんなにやってるんだから君もやってよ」
「PTAの会合と大口の契約、どっちが大事だと思う?」
「子供の世話なんて
奥さんに任せたらいいじゃないか」

第2章

「人が育つ」職場

（支援）

SHIEN

16

人が集まる職場は、優秀なリーダーとマネージャーがいる
人が逃げる職場は、優秀なマネージャーのみ

あなたは、リーダータイプでしょうか？　それとも、マネージャータイプでしょうか？

企業におけるリーダーとは、船長のようなものです。リーダーが掲げるビジョンや計画に応じて舵取りがなされ、時代や業界の風向き、浅瀬の岩礁のごときさまざまな障害にも注意しながら、企業という船は進んでいきます。船を進め続けるには、何よりもまず同じ志をもつたくさんの船員が必要ですので、リーダーは人を惹きつけ、周囲に影響を与えられる人が適任と言えるでしょう。

しかし、リーダーが一人で何もかもを決めてしまっては、先を急ぎ過ぎて燃料がなくなったり、無謀な渡航計画で船員が倒れてしまったりする可能性もあります。となると、リーダーとは別に、資金や人員の管理に適した人材が必要です。この人材こそ

がマネージャーです。

一般的にリーダーに向いているとされるのは、ゆるぎない信念を持ち、説得力を持って夢を語り、人を動かしていくことができる人物です。そんなリーダーは頼りがいがある一方で、時として数字のやりくりが苦手だったり、技術的な部分をまったく理解していなかったりもします。よって、リーダーの手の届かない部分・苦手な部分をサポートしつつ、部下のフォローができるマネージャー的存在が必要になってきます。

リーダーとマネージャー、この2つの部分がうまく機能することで、職場は成長していくのです。リーダーもマネージャーもそれぞれ複数人いるぶんにはかまいませんが、優秀なリーダーだけ、あるいは優秀なマネージャーだけ、といった状態では、職場はたちまち不安定になってしまいます。

日本の組織においては、「優秀なマネージャー〝だけ〟が増え続ける」というケースが目立ってきたように思います。「目標値の設定やオペレーションの管理をし、トラブルなく業務を回して結果を出す」ということに長けた人材が出世し、マネージャーとして上の立場に立つことが比較的多いのでしょう。業績優先の時代なので、数字できちんと結果を出してきた人がどんどん出世していくのは不思議なことではありません。
ただ一方で、リーダーとして夢やビジョンを語り、社員にモチベーションや安心感を与えながら職場を引っ張っていくことができる人材は未だ少ないように思います。「マネージャーの力で船はきちんと管理され、順調に進んでいるけれど、リーダーの力が弱いのでいまいち目的地が定まらない。〝同じ場所を目指して進んでいこう〟という船員たちの士気も低く、働く環境も魅力に欠けるので、船員が集まらない」……そんな状態になっている印象を受けます。

理想的なことを言えば、「優秀なリーダーであり、優秀なマネージャーでもある」という人材がいれば最高です。しかし、それはスーパースターを求めるようなものですから、まず無理でしょう。また「優秀なマネージャー」には、高度な知識や技術を学び、現場経験を踏み、コツコツ努力していくことで到達できる可能性がありますが、人を惹きつけるようなリーダーシップを後天的に身に着けるのは、なかなか難しいかもしれません。

では、マネージャータイプの人は絶対にリーダーになれないのかというと、そんなことはありません。実は、現在第一線で活躍しているリーダーの中には、もともとは優秀なマネージャーだったという人も多いのです。中には入社してすぐ頭角を現し、なるべくしてリーダーになるような人もいますが、特に日本においては、地道に出世し、管理職を長く経験した人が社長になるという例も多数あります。また、リーダーシップ・マネジメント論の世界的名著『ビジョナリー・カンパニー2　飛躍の法則』（日経BP社）においても、〝本当に組織を飛躍させるリーダーは謙虚で控えめな人物である〟、といったことが書かれています。

優秀なマネージャーはいるけれど、優秀なリーダーはいない。そんな職場において、マネージャーが自分を成長させ、職場をよりよくしたいと志すのであれば、まずは「自分が受け持つ部下やチームが、〝安心〟して働ける場をつくれるリーダー」を目指すことです。

たとえば、会社が社員のワークライフバランスに配慮できないような余裕のない状況だったとします。そこで、マネージャーがせめて自分の部下やチームメンバーだけでも目を向け、心身の健康に配慮し、安心してそれぞれの成長に向かっていけるような状態をつくることができれば、その人は優れたリーダーシップを持っていると言えるでしょう。

夢を語りながらきちんと仕事の成果を上げ、人間的にも魅力満載の〝カリスマリーダー〟を、マネージャータイプの人が無理に目指す必要はありません。ただ、売上や表面的なオペレーションを徹底管理するにとどまるより、「自分のチーム内だけでも、安心して働ける職場づくりを目指そう」という意識を持つ。それだけで、〝優秀なマネージャー〟からさらに一歩、〝優秀なリーダー〟への道を進めるはずです。

（支援）

SHIEN

17

人が集まる職場は、▽構造
人が逃げる職場は、△構造

「ヒラメ上司」という言葉を聞いたことはあるでしょうか？　まるで目が上についているヒラメのように、組織の上の人間の顔色ばかりうかがい、部下のことはまるで眼中にない上司のことです。当たり前ですが、そんな上司に部下がついてくるはずもありません。

ヒラメ上司の反対にあたるのが、今ビジネスシーンで注目されている「サーバント・リーダー」です。サーバント・リーダーとは、人知れず汗をかき、影から奉仕や支援を実行することによって、厚い信頼を得ている人のこと。１９７０年にアメリカのロバート・グリーンリーフ博士が提唱した「リーダーである人は、まず相手に奉仕し、その後相手を導くものである」というリーダーシップ哲学が基になっており、その背景にはキリスト教の奉仕の精神があるかもしれません。

サーバント・リーダーがいると、組織に貢献しようとするホスピタリティが自然と周囲にも広がっていき、全体的な組織の発展と安定が促されることになります。

会社の組織図をイメージしてみてください。多くの方が、一番下に非管理職の一般社員がたくさんいて、その上に課長、部長といった管理職がいて、さらにその上に役員がいて、トップの社長を支えている……といった形をイメージすると思います。つまり、多くの組織は、社長を頂点としたピラミッド型になっているのです。

しかし、サーバント・リーダーシップにおける組織の概念はこの反対です。トップの人間ほど底辺に位置して組織を支える、逆ピラミッド型の構造を目指すのです。トップが「縁の下の力持ち」になるということですね。

このような「上の立場の人間こそ裏方に回り、土台となって社員たちを支えよう」というサーバント・リーダーシップの概念は、今、多くの企業に広がりつつあります。

特に欧米ではサーバント・リーダーシップについて書かれた本がよく売れ、研修もさかんに行われており、著名な大企業でも取り入れているところが増えています。実体験からお話しすると、アメリカのとある大手製薬会社を訪れた際、エレベーターや会議室など、いたるところに逆三角形の「▽」マークのポスターが貼ってあるのが目につきました。そこで、社員にその意味を尋ねてみたところ、「サーバント・リーダーシップを忘れないよう、社内で啓発しているのですよ」と教えられ、とても感銘を受けたことがあります。

力強いカリスマリーダーや敏腕マネージャーなどに憧れるのはよいのですが、「部下はトップの自分を支えてくれるものだ」という意識でいると、部下が自分の思い通りに動くことを望む「ワンマンリーダー」「支配型リーダー」になってしまいがちです。そのようなリーダーのもとでは、部下は個々の意思や能力を抑圧され、安心して働くことができません。その反省から、欧米ではサーバントリーダーシップを啓発する動きが増えているのかもしれません。

トップが職場のみんなを支える、サーバント・リーダーシップが浸透した職場へ

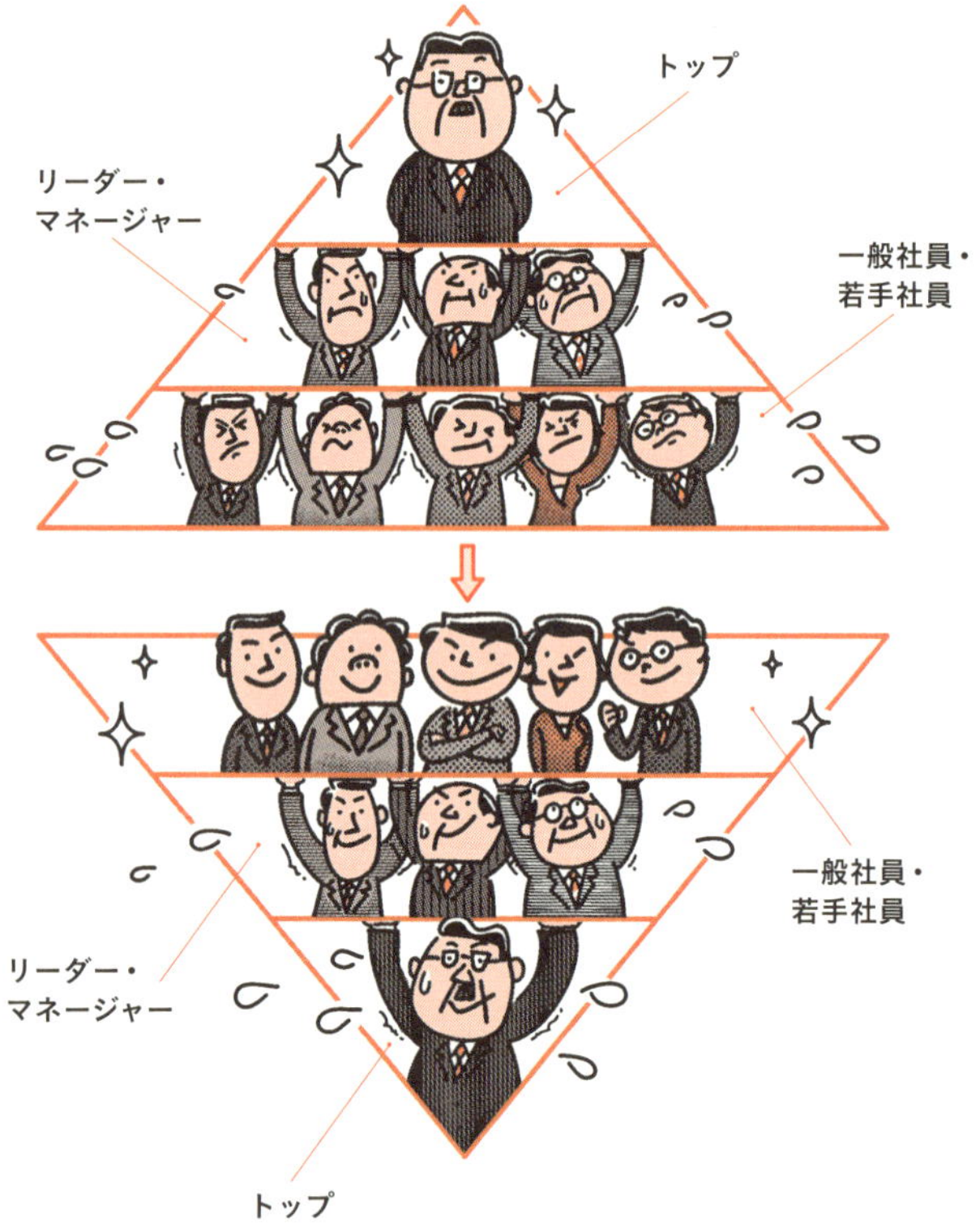

さて、サーバント・リーダーとは具体的にどのような存在なのでしょうか。ＮＰＯ法人日本サーバント・リーダーシップ協会による、「サーバント・リーダーシップの10の特性」について、引用してご紹介します。(http://www.servantleader.jp/10s.html)

・傾聴

相手が望んでいることを聞き出すために、まずは話をしっかり聞き、どうすれば役に立てるかを考える。また自分の内なる声に対しても耳を傾ける。

・共感

相手の立場に立って相手の気持ちを理解する。人は不完全であることを前提に立ち相手をどんな時も受け入れる。

・癒し

相手の心を無傷の状態にして、本来の力を取り戻させる。組織や集団においては、欠けている力を補い合えるようにする。

・気づき

鋭敏な知覚により、物事をありのままに見る。自分に対しても相手に対しても気づきを得ることができる。相手に気づきを与えることができる。

・**納得**

相手とコンセンサスを得ながら納得を促すことができる。
権限に依らず、服従を強要しない。

・**概念化**

大きな夢やビジョナリーなコンセプトを持ち、それを相手に伝えることができる。

・**先見力**

現在の出来事を過去の出来事と照らし合わせ、そこから直感的に将来の出来事を予想できる。

・**執事役**

自分が利益を得ることよりも、相手に利益を与えることに喜びを感じる。一歩引くことを心得ている。

・**人々の成長への関与**

仲間の成長を促すことに深くコミットしている。一人ひとりが秘めている力や価値に気づいている。

・コミュニティづくり

愛情と癒しで満ちていて、人々が大きく成長できるコミュニティを創り出す。

サーバント・リーダーは、まさに人が集まる職場をつくるリーダーと言えます。またワークの領域にかぎらず、ライフ・ソーシャルの領域でも力を発揮するサーバント・リーダーもいます。アメリカの知人に、多忙な大企業の重役でありながら、公立墓地の掃除のボランティアや、地域の子ども向けサマーキャンプのコーチなど、社会貢献活動に励んでいる人がいます。そのほか、高名なビジネスパーソンの中には、高齢者ホームでの介護ボランティア、病室でギターを演奏する音楽ボランティア、公園のゴミ拾い等に取り組む、奉仕の精神に満ちたリーダーが無数に存在しています。

サーバント・リーダーシップというのは、決して組織における立場が下の人たちに媚びへつらうことではありません。あくまで縁の下の力持ちとして、相手を尊重し、成長を促し、支えようという姿勢が重要です。地位や多忙さとは関係なく、積極的に組織に貢献しようという態度に、周囲の人々は尊敬の念を抱き、「この人についていこう」と感じるのです。

（支援）
SHIEN

18 人が集まる職場は、成長段階に合わせて仕事を振る 人が逃げる職場は、会社の都合に合わせて仕事を振る

「仕事がうまくいかず、失敗ばかり。自分にこの職業は向いていなかったんだ」
「この場所では自分の能力を活かせない。もっと活躍できる場所があるはずだ」

自分と仕事とのミスマッチを感じ、会社を辞めていくケースが後を絶ちません。

前者は、仕事を続けていく自信をなくし、不安に耐えかね、「これ以上周りに迷惑をかけるのも申し訳ないし……」と辞めていくケースです。ひどい場合だと、「自分は無力だ、ダメな人間だ」と自己肯定感をなくし、うつ病になってしまう人もいます。また、なんとか仕事をこなそうと残業や休日出勤をしたり、自宅に持ち帰って仕事をしたりした結果、心身を壊して働けなくなってしまう人もいます。後者は、仕事にやり

がいや楽しさ、刺激を感じられずくすぶりつづけた結果、辞めていくケースです。職場次第でその人材の能力を引き出し、存分に活躍してもらえた可能性もありますから、本人と職場双方にとって不幸なことでしょう。

このようなことが起こる原因として、本人にとってその仕事が本当にミスマッチだった、適性がなかったという場合もあるでしょう。**しかし実のところ、「適性はあったにもかかわらず、会社が個々の成長段階に合った仕事を与えることができなかった」ことが原因である場合がほとんどです。**

人手不足で即戦力になってほしかったり、部下を成長させたいからといって、それぞれのキャパシティを超える仕事を不用意に与えることは、人を潰す原因になりかねません。また、部下に関心がなく成熟度を見極められない、部下の実力や成長を認められないなどの理由から、相手の力に対しあまりに簡単すぎる仕事を与えることも同様です。このような仕事の与え方は、厚生労働省が定める「職場のパワーハラスメントの6類型」の中にも、「過大な要求」（業務上明らかに不要なことや遂行不可能なことの強制、仕事の妨害）、「過小な要求」（業務上の合理性なく、能力や経験とかけ離れた程度の低い仕事を命じることや仕事を与えないこと）として分類されています。

これらを予防するためには、状況に応じた指導をすることが大切になってきます。

1977年にポール・ハーシーとケネス・ブランチャードの二人が提唱した「シチュエーショナル・リーダーシップ理論」（SL理論）に基づくとわかりやすいでしょう。この理論は、どんな部下でも一律に扱うのではなく、意欲・能力・自立度などを含めた「成熟度」（シチュエーション）に応じてリーダーシップを発揮し、仕事の振り方、任せ方を変える必要がある、と唱えているのです。

SL理論によれば、部下の成熟度は次の4段階に分けることができます。

・成熟度１：新人・その業務の未経験者
・成熟度２：自分でできるようになった状況
・成熟度３：業務に精通している状況
・成熟度４：高い成果を出せる専門家として信頼できる状況

これを見ると、部下の成熟度1～4のどの状況でも同じ指導をするというのは違うな、というのはなんとなくわかるはずです。成熟度1の部下にいきなり一大プロジェクトのリーダーを任せるのは荷が重すぎますし、成熟度４の部下に簡単な書類の整理や資料集めなどを任せるのはかなりの役不足、どちらも適材適所とはいえません。

ＳＬ理論では、これら４つの成熟度に対し、上司はそれぞれどのように接するべきか、Ｓ（スタイル）１〜４で表しています。

・成熟度１の部下には……Ｓ１「指示型」

リーダーは具体的な指示命令を与え、仕事の達成をきめ細かく監視する。

・成熟度２の部下には……Ｓ２「コーチ型」

リーダーは引き続き指示命令を与え、仕事の達成をきめ細かくはするが、決定されたことも説明し、提案を出させ、前進するように援助する。

・成熟度３の部下には……Ｓ３「援助型」

リーダーは仕事の達成に向かって部下の努力を促し、援助し、意思決定に関する責任を部下と分かち合う。

・成熟度４の部下には……Ｓ４「委任型」

リーダーは意思決定と問題解決の責任を部下に任せる。

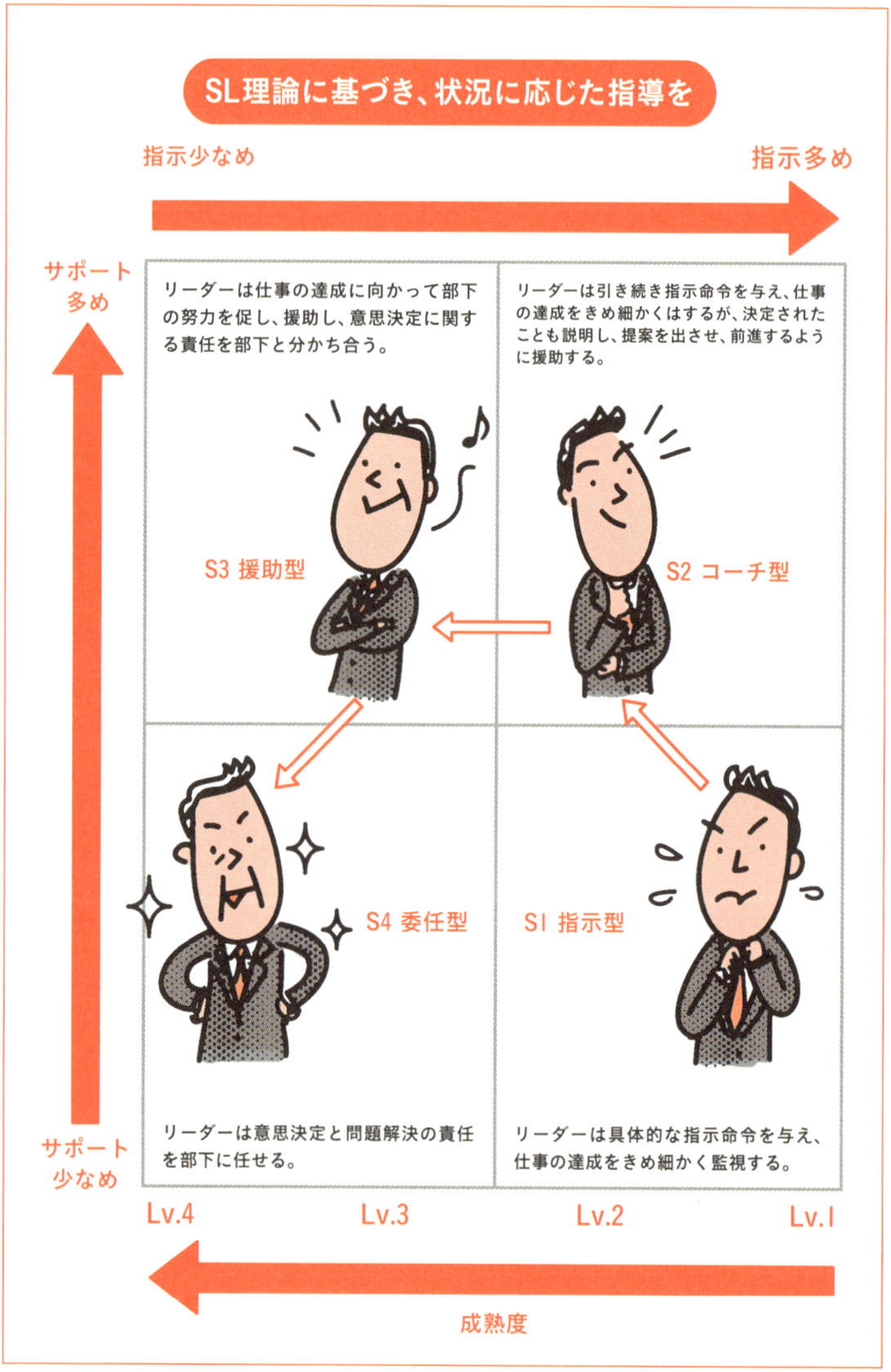
SL理論に基づき、状況に応じた指導を
指示少なめ
指示多め
サポート多め
サポート少なめ
リーダーは仕事の達成に向かって部下の努力を促し、援助し、意思決定に関する責任を部下と分かち合う。
S3 援助型
リーダーは引き続き指示命令を与え、仕事の達成をきめ細かくはするが、決定されたことも説明し、提案を出させ、前進するように援助する。
S2 コーチ型
S4 委任型
リーダーは意思決定と問題解決の責任を部下に任せる。
S1 指示型
リーダーは具体的な指示命令を与え、仕事の達成をきめ細かく監視する。
Lv.4
Lv.3
Lv.2
Lv.1
成熟度

このように、新人のうちは具体的な指示やサポートをしていくべきですが、意欲や能力が高く、自立している優秀な部下であれば、上司はあれこれ口を挟まずに一任してしまうのが得策と言えます。ベテランで能力は高くても、モチベーションが下がって行動が伴わない部下がいたら、Ｓ２やＳ３の対応を取る場合もあります。

人手不足や業績未達など、会社の都合で社員を振り回し、実力に見合わない仕事を与え続けることは、部下を不安にしますし、成長の妨げになります。それで貴重な人員が潰れてしまったり逃げてしまったりしては、本末転倒です。部下の成熟度合いを把握しておくためにも、やはり傾聴など日々のコミュニケーションと、現場での直接指導（ＯＪＴ）を絶やさないようにしましょう。

（支援）
SHIEN
19
人が集まる職場は、即戦力にならない人は見守る 人が逃げる職場は、即戦力にならない人は切り捨てる

1980年代後半から2000年代の初めにかけて生まれた世代は、いわゆる「ゆとり世代」。あなたの職場にも、多かれ少なかれ在籍しているのではないでしょうか。中には「ゆとり世代の若者なんて、やる気もないし、戦力にならないだろう」とマイナスイメージを持っている方もいるかもしれませんね。

さらに最近は、ゆとり世代の次の世代を「さとり世代」なんて呼ぶこともあるようです。まるで〝悟り〟でも開いたかのように無欲でドライ、自発性に乏しく諦めが早いことなどが特徴です。こんな世代の若者も、「付き合いにくい」「若いのに熱意が足りない」と感じる方もいるかもしれません。

しかし、自分が新人だったころを思い出してみてください。〝1年目から何でもバリ

バリこなし、誰とでもうまくコミュニケーションを取り、職場の大きな戦力になっていました！〟なんて人は、ほとんどいないはずです。

職場に新人が入ってきたとき、早く仕事ができるようになってほしいと期待を持って接するのは当然です。しかし、過度な期待は禁物。トピック18でもお話ししたように、まだ成熟度の低いうちからあれこれ仕事を任せていたら、上司は「あれ、こんなこともできないのか」とがっかりするはめになり、下手をしたら新人は潰れてしまうかもしれません。しかし、それは彼らの能力が特別低いわけではありません。特に新卒で入ってきた社員など、ほんの少し前まで学生だったことを考えれば、すぐに仕事ができないのも当たり前です。入社早々、過度なプレッシャーを与える職場こそ考えを改める必要があります。

新入社員に対し、上司は〝まず2年は我慢する〟と心得ましょう。人にもよりますが、多くの新入社員は3年目を迎えたころから成長の兆しが見えてくるもの。かつて〝仕事ができないゆとり〟とレッテルを貼られた社員が、３年目を過ぎたころからエースとしてバリバリ仕事をこなしている、といった例は少なくありません。部下の成長をサポートしながら〝2年待てる〟上司と、即戦力にしなければと焦り過ぎて潰してしまったり、使い物にならなければ即切り捨てる〝少しも待てない〟上司。どちらがいい上司かといったら、前者であることは明白です。

そうはいっても、今〝待てない〟上司が多いのは、業界・職種を問わず慢性的な人手不足に陥っている現状があるからでしょう。以前は、仕事ができない新入社員がいても「そんなものだ」と鷹揚にかまえている管理職が多かったように思います。しかし、今はどこも余裕がないので、「半年以内に戦力にならなければお手上げ」なんて考えてしまう人も増えているのです。

さらに言えば、情報化社会がその考えに拍車をかけているようにも感じます。若い世代ほど日頃からインターネットを通してさまざまな情報を得ているため、ときに「自分は何でも知っている」ような錯覚を起こしたりもします。また、各種メディアやSNSを通して活躍・成功している人物を身近に感じ、強い刺激を受けているため、自分を彼・彼女らと重ねて意識を高ぶらせ、自信過剰に振る舞うこともあります。上司もそんな自信ありげな態度を信じ込み、過剰に期待してしまうことが多いのです。

しかし実際のところ、社会における経験や挫折もまだまだ少ない新人は、大した実力も能力もない場合がほとんど。それが当たり前なのです。そのことを理解した上で〝ほどほど〟の期待をかけることが、新人にとっても職場にとってもよい結果をもたらします。

成果を上げた時には小さなことでもしっかり褒め、失敗した時には「たくさん失敗してもいい、きっと3年目くらいからもっと仕事をこなせるようになっているから。私がいい見本だぞ」と温かく励まし、根気よく見守ること。

それが、即戦力にならない新入社員へのほどよい期待のかけ方です。この時代には悠長な話に思えるかもしれませんが、せっかく採用・教育した人材が潰れてしまう方が職場にとっては痛手です。「急がば回れ」の精神を持ってみてはいかがでしょうか。

（支援）

SHIEN

20 人が集まる職場は、研修はしっかり行う 人が逃げる職場は、実践のみで育てる

新入社員をろくに研修もしないうちにいきなり実践の場に放り込むのは、危険です。これは数々の新人の離職問題をコンサルティングしてきた経験からはっきりと言えることです。新人を成長させ、一刻も早く戦力になってもらうためには、「急がば回れ」。まずはきちんと数週間、あるいは数ヶ月の研修を受けさせてから各部署に配属することが、遠回りのようで近道なのです。**新入社員に限らず中途社員であっても、その職場の仕事に慣れていない人は段階的に育てていく方が効率的です。**結果的にその後の成長が早くなり、費用対効果も何倍も高くなると断言できます。

ただ、大事なのは研修の中身です。通常の企業の新人研修というと、

午前中は社長や幹部社員が社是や社史、ビジョンなどを語り、「社会人としての自覚と責任を持ってがんばれ！」と締めくくる。午後からはマナー研修があり、最後にコンプライアンスや情報管理などの注意がつらつらと説かれ、長くても数日で終了。あとは「各自、所属長の指示に従ってください」と丸投げ。

……というのが典型例です。しかし、私はこのような内容は新人の頭に残らず、心にも刺さらないと思います。新入社員はついこのあいだまで学生だったわけですから、いきなり「もう社会人なんだから、頭を切り替えてがんばれ」と言われてもなかなか実感が持てません。学生特有の〝甘え〟や〝ゆとり〟は、実際に働いていく中で徐々に抜けていくもので、それが人間の心理的成長として自然なことなのです。ですから新人研修は、いっそ学生時代を引きずった言動や〝ゆとり気分〟も多少は許しながら、まずは職場の人々や雰囲気に馴染んでもらうことを優先する――そんなイメージで行うぐらいがちょうどよいのです。

「どんな新人研修のメニューが効果的ですか？」と人事担当者から聞かれることもよくあります。そんなとき、私はよく「短い時間でかまわないので、社長や幹部が直接

〝失敗談〟を話すといいですよ」とお伝えしています。いかに会社や社長、幹部が高いビジョンを持ち、優れた事業を行ってきたかを懇々と語るより、「社長の私だってこんな失敗をしているんだから、あなたたちも失敗を恐れず思いっきりトライしていくといいよ」と、親しみやすくも説得力のあるメッセージを送る。この方が、期待と不安でいっぱいの新人にとって、何よりのエールになるのではないでしょうか。

さらに言えば、新人向けに限らず、あらゆる研修はできるだけ会社から離れた場所で開催するようにお伝えしています。なぜなら、会社の中ではどうしても役職や上下関係を意識せざるをえないからです。会社の外でこそ、上司も部下も関係なく、より自然体に近い姿を出せるのです。

たとえば、箱根や熱海の温泉地や森林に囲まれた軽井沢など、心身ともにリラックスできる保養地で開催できれば理想的です。そしてスーツではなく私服での参加を促せば、誰もが会社にいるときとは違った表情を見せるはずです。

新人研修であれば、新人を受け入れる部署の上司・先輩は、忙しくても時間をつくってその場に顔を出し、本音で語り合う時間をもってほしいと思います。ここで上司・

先輩が等身大の姿を見せることで新人の緊張もほぐれ、心を開きやすくなります。「そんな予算や手間暇をかける余裕はとてもないよ」、との声が聞こえてきそうですね。しかし、ただ効果の低い研修を続けた結果、半年もしないうちに新人が離職していき、中にはうつ病などで休職になってしまう人もいる――そんな状況になってしまっては、出し惜しみした研修費用および採用費用の数十倍のコストが発生し、職場全体の士気も大幅に低下します。新人の早期離職は想定以上のダメージを職場に与えるのです。そんな現象に毎年のように悩みながら何も対策をしない人事担当者を多数見てきましたが、本当に非効率的だと感じます。

都心の企業であまり遠い場所に行くのは難しいならば、下町の浅草などでやってみてもいいかもしれません。とにかくできるだけ会社の外に出て行うようにしてください。そして帰りには、雰囲気のいい飲食店やカフェなどで楽しく語り合う……それくらいのゆるさがあってもいいでしょう。

上司も部下も気を張らずに距離を縮めることで、「これからこの職場でこの上司、先輩、仲間たちとがんばっていこう」と士気が高まる。人が集まる職場には、そんな研修が必要なのです。

（評価）
HYOKA

21 人が集まる職場は、キャリアアップや自己啓発をサポート 人が逃げる職場は、キャリアアップや自己啓発を否定

あなたは、自分の部下の将来の夢や目標、希望するキャリアプランを知っているでしょうか？「今勤めている企業での出世や収入アップが目標」という人もいるでしょうし、中には「転職して就きたい職業や業界がある。その夢を叶えるためにひそかに準備している」という人も当然いるでしょう。企業において具体的な転職時期を検討している人の比率は年々高まっているとの調査報告もあります。部下のさまざまな夢や目標に対して、上司はどこまで踏み込むべきか。その判断は実に難しいものです。

たとえば、部下に「将来はカフェのオーナーになって、自分のお店を経営したい」という夢を持っている女性がいたとします。その夢を叶えるために、彼女は仕事が終

わってから同僚には秘密でカフェ運営の講座に通っています。そして食品衛生や簿記の試験に向けた勉強もしているのです。その努力は立派ですが、現在の職場からの離職につながることでもあり、とてもプライベートな部分なので、職場の人とは共有したくないと思うのが普通です。

しかし偶然、そのことを上司が知ったとします。上司としては、転職されるとせっかく育てた人材が抜けてしまうわけですし、部下の離職率が上がることは自分の評価にも響きかねません。当然、「辞めてもらっては困る」というのが本音でしょう。

かといって、「カフェなんかで成功するのは一握り。やめておけ」「独立は大変。うちみたいに安定した大企業で働いていた方がいい」なんて脅し文句のように言うのはアウトです。それは、社員の成長にブレーキをかける行為です。

序章でもお話しした通り、〝成長感〟を得るためのプロセスは人それぞれ。一見会社の仕事には関係ないようなことが、毎日のモチベーションになっていることも多々あります。そこにブレーキをかけてしまうことは、部下の心を折ったり、離職を早める要因にもなりかねません。

部下が転職を考えていると知ったとき、上司としてはそれを後押しまでする必要はありません。その代わり、「転職したい」という気持ちやそう思うに至った背景にはよく耳を傾け、むやみに否定せずに共感を寄せることが必要です。

ただ、もしその転職が部下にとって夢の実現・キャリアメイクにおける重要な分岐点の一つなら、円満退社に向けたサポートをするのも上司のつとめかもしれません。私自身何度も転職を経験していますが、転職の意思を打ち明けたときの上司の対応のいくつかは、今でも深い感謝の気持ちとともに思い出せるものです。たとえば、日頃絶対に残業をしなかった上司が、その晩はなんと徹夜してまで、私のキャリアへの思いをひたすら聞いてくれたことがあります。そんな上司のもとを去っていくのは寂しさもありましたが、「こうやって送り出してくれた上司の期待を裏切らないようにがんばろう」と決意したことで、より成長できたように思います。

人が集まる職場は、やはり社員が自分の将来や人生設計を考えることができ、上司を中心とした周囲の人々がそれを理解し、時にはサポートもする職場です。しかし、ほとんどの社員は毎日の仕事をこなすだけで精一杯なのも事実でしょう。私自身、あっという間に10年、20年が過ぎ、気づいたら定年も間近になっていたような感覚があります。そこで、若いうちから社員が人生のことを考えられるような刺激を会社から与えていくのも、人材開発・組織開発において欠かせないプロセスだと思います。

私の知っている社員定着率が非常に高い職場の1つに、終業後に自由参加の形で「キャリアアップ勉強会」「定年後の生き方セミナー」といった講習を会社で開催しているところがあります。人事部から「残業代はつかないけど、無料なので興味があれば参加してください」と社員に呼びかけたところ、予想以上に多くの社員が参加し、アンケートの結果も上々。それぞれ新たな知識や刺激を得られるだけでなく、グループワークを通し、部署や役職・上下関係にとらわれない自然な交流が生まれる機会になったとのことです。今後は就業時間内に全員参加型で開催する計画もあるようです。

このように、直接業務とは関係がないような自己啓発やライフバランスをサポートする取り組みが、間接的に仕事のモチベーションアップや職場コミュニケーションの改善に繋がる例は、近年多く見られるようになりました。

現代は「就社」ではなく「就職」の時代といわれています。1つの会社に定年まで勤め上げることが当たり前ではなくなった今、転職・副業・資格の取得・生涯学習などをキャリアメイクの必須事項と考える人が大半になってきました。社員のそのようなニーズを受け入れ、共感し、サポートしてくれる、そんな職場には人が集まります。

ちなみに、仕事やキャリアアップに関係ない趣味の活動などであっても、部下が何かに熱心に取り組んでいるのであれば、ぜひ上司はサポートしてあげてください。ヨガでも、楽器でも、英会話や旅行でも、その人が〝成長する喜び〟を感じられるものであれば何でもかまいません。そのような活動領域がある人は、ストレスの影響を受けにくく、満足感や自己肯定感を得やすい傾向があります。それは仕事へのモチベーションや、心身の不調への予防にもつながるのです。

たとえば部下が昼休みにランニングを始めたとします。はじめは10分走るのも一苦労だったのが、続けるうちに30分走れるようになったとしたら、その人にとっては大きな成長です。仕事への好影響も必ずありますから、そこで「疲れて午後の仕事に影響が出るんじゃないか」と咎めるのではなく、「それはすごいね」と認めてあげてください。ちなみにこれは、社員定着度が高い職場で実際にあった話です。

ささいなことでも部下が成長感を得ようとするならば、上司にはそれを温かく見守る目線を持っていてほしいと思います。

（評価）

HYOKA

22

人が集まる職場は、部下の成長が上司の評価になる
人が逃げる職場は、部下の指導はプラスαで行う

人が成長するのは、もちろん本人の力によるもの。しかし、そこには必ず他者からの何らかのサポートがあったはず。**よって、職場において部下が成長したとき、それをサポートした上司も人事評価の仕組みの中で正当に評価される必要があります。**

たとえば私が以前勤めていた企業では、管理職の評価の中に「部下が成長したか」という項目が組み込まれており、しかも１／４のウェイトを占めていました。そこでは、まず部下にとっての成長とはどんなことなのか、現在の仕事とキャリアについて本人と話し合って導き出し、評価シートに記述しなくてはなりません。これは日頃からのコミュニケーションがよくないとなかなか書き出せないので大変でした。

さらに驚いたのが仕事以外のこと、部下の個人的なスキルアップやキャリアアップ

も含めた「自己啓発」をサポートしたかどうか、も評価項目に含まれていたことです。たとえば、部下が英検や簿記を取ろうと計画して、それを本人の「自己啓発目標」に設定していたとします。それに対して、上司は「合格できたのか」「もし合格できた場合、上司としてどのようなサポートをしたのか。不合格の場合はどうリカバリーするのか」ということまでも報告するのです。ここでは「勉強の時間を確保するため、週一回は必ず定時で帰れるようにサポートした」といった具体的な内容が期待されます。

部下一人ひとりに年間の売上や利益目標を設定し、それらが達成できたかどうかも上司の評価に含めていく評価方法は、多くの企業で行われています。しかし、自己啓発や将来的なキャリアプランを含む、部下の多面的な成長へのサポートまで評価項目になっている企業は、未だ少ないと思います。

「部下の成長についてわざわざ評価項目に入れるなんておかしい」とお思いの方もいるかもしれません。しかし、このように直接的に上司の評価に影響するシステムによって、半強制的に部下のサポートを促さないと、上司が動かない職場が多いのです。職場の成長には下の世代の成長が必須であるにもかかわらず、現代の上司は非常に多忙なため、部下を支えるという大切なこともおろそかになりがちだからです。

私も先述の外資系企業にいた際、１００人をこえる部下を抱えていた時期がありました。そのとき、やはり「部下の成長へのサポート姿勢が自分の評価の１／４に影響する」となると、１００人を超えていても、部下一人ひとりのことを真剣に考えさせられるのを感じました。たとえば「Ａさんは、英会話を勉強して将来は海外勤務をしたいと言っていた。自分は今期、彼女をどのようにサポートできただろうか」「Ｂさんは、将来は人事のプロになるために、2年後までに社労士の資格を取る目標を持っていた。自分は何をサポートできただろうか」と――私個人としても部下の成長は気にかけていたつもりですが、この「自分の評価の１／４に影響する」というシステムがなければ、あそこまで熱心に考えられたか自信はありません。

あなたがもし人事評価項目の決定に関与できる立場であれば、ぜひ「部下の成長」も自分たち管理職への評価システムに組み込んでみてはどうでしょうか。それが難しくても、自主的に「上司として、部下を育てることができたか」という項目を個人目標に設定し、振り返るとよいでしょう。そしてそれを部下とシェアしてみてください。そうやって、部下の成長を自分ごととして捉える意識を持っている上司からは、部下は逃げません。「支えられている」という安心感のもと、より自発的に動き、さらに成長するようになるものです。

実際に、部下の成長を上司の目標に取り入れたことで、上司と部下の関係が改善した例もあります。

コーチングについてのセミナーを行った際、終了後に、ある外資系企業の部長さんが相談に来ました。「今度の異動で部下になったBさんとの関係がうまくいかない。Bさんは優秀だが、負けん気がとても強い人だ。私は彼より年下の上司となり、プライドがあるのか、何かとつっけんどんな態度を示すので困っている」とのことです。そこで、「御社の管理職の人事評価には、〝部下の成長をどのようにサポートしたか〟は含まれていますか？」と尋ねると、ないとのこと。そこで、「それなら自分自身の評価項目の中に独自に取り入れましょう」と提案しました。「Bさんとじっくり話す時間を取って、将来的にどんなことをしたいか、どんなキャリアプランがあるのか聞いてみてください。そして具体的なサポートを表明してください」とアドバイスしたのです。

結果はどうだったかというと、これが成功でした。その部長さんは再び私のもとを訪れて、次のように報告してくれたのです。「渡部さん、Ｂさんから『自分の夢は日本の国際交流に貢献することで、外国人観光客をサポートするＮＰＯの活動にも参加したい』という話を聞き出せました。それを踏まえ、『Ｂさんが夢に近づけるようサポートすることが、上司である自分にとっても、評価項目になるほど大切なことだ』という意識を持ち、ＢさんができるだけＮＰＯの会合に参加できるよう配慮したり、活動に十分打ち込めているかさりげなく様子を聞いたりしてみました。すると思いのほかＢさんも喜んで、自分から活動の様子を話してくれるようになったんです！」。Ｂさんは仕事にも協力的に取り組むようになり、最近では二人で談笑できるまでに関係が改善したとのことでした。

これは、部下の成長のサポートを通して、短期間に上司と部下の関係を正常化させ、信頼関係まで築くことができた好例といえます。

相手の話に耳を傾け、関心を示し、多面的な成長をサポートする。すると相手は心を開き、信頼関係が構築され、仕事においてもより協力的な姿勢を見せるようになる。こうして、互いにサポートしあえるパートナーのような関係が築かれていくのです。

（評価）

HYOKA

23 人が集まる職場は、数字で表せない部分も評価 人が逃げる職場は、全て数字で評価

「部下を適切にサポート・評価して、成長の手助けをすれば、自然と人の集まる職場はできてくる」――こんな話は、単なる理想論・感情論に思えるかもしれません。しかしこれは、「目には見えない部分で部下を支えることが、ゆくゆくは目に見える数字として表れてくる」という、非常に合理的・実践的な面が含まれる話でもあります。

数字への価値観として、印象的なエピソードがあります。ベストセラー『ハーバードの人生を変える授業』（大和書房）の著者で、私の知人でもあるハーバード大学教授のタル・ベン・シャハー氏の話です。

彼は学生時代、スカッシュというスポーツの大会で国内チャンピオンになりました。

チャンピオンになってから3日間は、嬉しくて天にも昇るような気持ちだったそうです。しかし祝賀会が終わって帰宅したとき、原因不明の虚無感に襲われ、一気に高揚感が冷めてしまったというのです。そのとき彼は、「勝ち負けや結果、名誉を追い続ける世界はこういうことの繰り返しになるのだ」と考え、競技人生にピリオドを打つ決心をしたそうです。その後は心理学の道に進み、後にハーバードで一番人気のある教授、さらに世界的なベストセラーの著者にもなったのです。

私も地味ですが似たような経験があります。かつてアパレル会社に勤めていたとき、担当したブランドのTシャツの売上枚数で日本一を記録したことがあります。この記録から「私はブランドマネージャーとしてすごい数のTシャツを売った」という大きな自信を得ました。しばらくは誇らしく、また周囲も賞賛してくれたものです。しかし、タル・ベン・シャハー氏と同じく数週間もすると、その高揚感は消えてしまいました。25年も経った今となっては、この経験を誇らしく思い出すこともありません。

タル・ベン・シャハー氏に言わせれば、ノーベル賞のように後世まで大きく影響を与えるようなものならともかく、数字で表せるような一時の成果、報酬、名誉などをいくら獲得しても、その喜びや自信、賞賛はすぐに冷めてしまうということです。

職場でも同じことが言えます。がんばって目標の売上を達成したところで、果たして何人が翌月、翌々月までその数字を覚えているでしょうか？　もちろん企業として売上を伸ばすことは、健全で持続的な成長のために欠かせないことです。しかし、ひたすら売上や利益を追うだけの職場に人が集まるかどうかは、また別の話です。

私自身、顔を合わせるたびに「売上目標は達成したか？」「今期は何件仕事を取れそうなんだ？」と聞いてくるような「数字、数字」の上司のもとで働いたこともあります。そんな環境では、ミドルマネージャーだった私だけでなく、もっと下の部下まで嫌気がさしていくのがわかりました。

今の時代では、「働き方改革」の号令のもと、生産性の向上を目指すことはそのまま数字を追求することに形を変えているように思います。「何日間で何円の受注を何件取れたか」「何時間で何件の業務をこなせたか」……もちろん数字を意識して効率化をはかることは大切ですが、仕事の評価をすべて数字で表そうとすることは、部下にとって大きなプレッシャーになり、「なかなか数字で表せるような目に見える結果が出ない」と無駄に焦らせることにもなるのです。これでは逆に非効率的ですし、当然成長感覚も得られませんから、人が逃げ出していくのも致し方ないと感じます。

事実として、日々の話題が数字の話や事務的な話に終始する職場では、うつ病などのメンタル不調の発生も連動して増えていきます。**このことからも、部下の人柄や個性にも注目し、数字には表れない成長をも評価することが、人が集まる職場には必要なことなのだろうと感じさせられます。**


「前よりもプレゼンがうまくなったね」などと目に見えない部分まで評価すれば、部下のモチベーションは上がります。数字上は順調に見えても「何か困っていることはない？」と気遣う声かけをすれば、今部下が本当はどんな状況か、どんなサポートが必要なのか考える習慣がつきます。そうして上司と部下が相互的に支え合い、成長し合える職場なら、当然業績にもよい結果が出てきます。

今すぐには成長が目に見えなくても、３年後、５年後に目を向けて、じっくり部下と向き合ってみてください。

識・経験から、心が折れやすい性格や気質を４つのタイプに分類しています。すべての人がこのタイプに分類できるわけではなく、また複数の要素を併せ持っていることも多いのですが、これらの基本の型に照らし合わせて、その時々の状況に応じたコミュニケーションを取ってみてはいかがでしょうか。

コラム2 心が折れやすい4タイプへの処方箋

「心が折れやすい部下が多くて困る」……そんな言葉をよく耳にします。しかし、どんな人もこちらの接し方次第で、苦難を乗り越えて重要な仕事を成し遂げるような、大きな戦力になる可能性を秘めています。

私はこれまでの研修や講演、カウンセリングやコーチングなどの知

ド直球型

特徴

粘り強く負けず嫌いな〝熱血漢〟タイプ。責任感が強く、頼りがいがある。
上昇志向が強く、高い目標に向かって一直線に努力できる。

注意点

結果・結論に執着し、せっかちになりやすい。
心身の不調や過労を認めず自分を追い込み、燃え尽きてしまうことがある。

対処法

◉がんばりすぎて「燃え尽き」が起こる前にフォローし、適切な休息を取るように促す。

◉最短距離をフルスピードで目指すと事故が起こりやすくなるもの。目標を達成するには、長距離をゆっくり進むこと、車線変更や回り道することも必要だと教える。

◉成果が出ないときや認められないとき、心が折れやすい。成果には惜しみない賞賛やねぎらいの言葉をかけるとともに、仕事に向かう姿勢や努力も評価する。

◉責任感が強いぶん、失敗したときに責めると「追い打ち」になるので、まずは気持ちに寄り添う。Ex.「今回の失敗は、君が一番悔しい思いをしているだろう」

マジックワード

「難しい顧客相手に、粘り強くがんばっていたね」
「体調はどう？目標を達成するためにも、そろそろひと休みしたらどうかな」

マニュアル型

特徴

真面目で几帳面。協調性が高く、周囲への気遣いもできる〝いい人〟タイプ。

ルールやマニュアルを尊守し、安定した環境で力を発揮する。

注意点

不安定な状況や変化に弱く、臨機応変な対応が苦手。

自分を抑え込み、不安やストレスを溜め込みがち。

対処法

◉変化が起きたときには入念なケアやフォローを。昇進や栄転などよい変化でも同様。

◉仕事の指示は口頭よりも簡潔な文章や図解で示す。いつでも見返せるような「お手本」を渡し、優先順位や期限の目安も伝えておくとよい。

◉周囲に気を遣い、1人で考え込みがちなので、上司から声をかける。Ex.「この案件は今どんな状態?」

◉失敗したときは、叱るよりも安心させる。失敗の原因を自分で整理できるように質問・傾聴し、ともに解決しようとする姿勢を見せる。

マジックワード

「何か困ったことや不安なことはない?」

「1人で心配しなくていいよ。私がフォローするから一緒に考えよう」

さとり型

特徴

無欲で何事にも執着しない〝ドライ〟なタイプ。空気を読むのが得意で、表面的な人付き合いはそつなくこなす。合理性を重視し、「納得感」があれば要領よく業務を進める。

注意点

本音を口にせず、深い人間関係を築くことが苦手。
自発性に乏しく、何事にも諦めが早い。

対処法

- ●チームの一員であるという安心感を与える。冷静に見えて不安を抱えていることがあるので、放ったらかしにせず、チームみんなで取り組もうという姿勢を示す。
- ●すぐ諦めないよう、段階的に仕事を与え、小さな成功体験を積み重ねるように促す。
- ●業務や指示を与える際は、理由や目的を説明し納得させる。残業や休日出勤も同様。
- ●目立つことを好まないので、叱るときはもちろん、褒めるときも個別に。人前で褒めるなら、チームの一員として貢献したことを褒め、チームとして評価する。
- ●理解できない言動・行動もむやみに否定せず、関心・理解を示すと心を開くことも。

マジックワード

「君がやってくれた仕事のおかげで、うちのチームはこんな成果を出せたよ」

「最近はそういうものが流行っているのか。へえ、おもしろいね」

ゆとり型

特徴

マイペースで〝自分らしさ〟を大切にするタイプ。基本的に素直で、マニュアルや指示にはよく従う。自尊心を満たされると高い意欲を見せ、力を発揮する。

注意点

失敗や目標未達などで自尊心が満たされないとき、周囲のせいにしたがる。

自己評価が高く、理想と現実のギャップから心が折れやすい。

対処法

◉とにかく話をよく聞き、「認められたい」「関心を持たれたい」という欲求を満たす。

◉感情的・他責的な態度をとったときほど傾聴に徹する。動揺すると黙り込んだり泣き出すこともあるが、それを責めずに、落ち着くまで時間をおく。また周囲への不満や批判を述べるときも、「そうか、そういうふうに感じていたんだね」と受け止めると、「自分の思いをわかってくれた」と感じ、態度が和らぐことも。

◉「まずは置かれた場所で咲いてみる」ことで自信をつけさせる。理想とギャップを感じても、まずは目の前のことから興味を持てる部分を探し、やり遂げるよう促す。

マジックワード

「さすが、よくやっているね」「そうか、君の得意分野に合っていないと感じているんだね。でもこれをやり遂げたら、こんな力がついて、ステップアップできるんじゃないかな」

第3章

「自然なコミュニケーション」が生まれる職場

（空気）

KUKI

24 人が集まる職場は、適度にワイガヤ 人が逃げる職場は、常に静か

私は職場のコミュニケーション・メンタルヘルスのコンサルタントとして、日々さまざまな企業から依頼を受けています。依頼内容として多いのが、「うつ病になる人が多い」「退職者が多い」などの問題を抱えて困っているので、その解決策を教えてほしい、というものです。状況を確認するために、依頼のあった企業を実際に訪問し、オフィスや工場などを人事スタッフと巡回することもよくあります。そうしてたくさんの企業を回ってきた中で、問題を抱えた職場にはとある共通点があるとわかりました。

チリひとつ落ちていないような綺麗で整然としたオフィス。
人はたくさんいるのにシーンとしている。

社員が一斉に黙々と、まるでロボットのように仕事をしている。

……こういった職場は、うつ病やメンタル不調に陥る人が多い傾向にありました。

あまりにも管理・統制された空気の中では、人は生き生きと働けないのです。

とはいえ、私語を慎まず全員が好き勝手に話していて、全く統制が取れていない職場だと、それはそれで職場崩壊が起こりかねません。仕事はきちんと行いつつ、気軽に相談できたり、会議で一人ひとりの発言が多かったり、休憩時間には雑談をするなど、メリハリを持って、適度に〝ワイワイガヤガヤ〟している職場が理想的です。実際にそのような職場を訪れたこともありますが、社員はみな生き生きとしていて、人事部の方や管理職の方も自然体で明るい方が多かったように思います。

最近ではそうした雰囲気づくりの重要性を感じている企業も多く、社員同士が交流できるようなセミナー・交流会やサロンのような場所を会社側が設けるようなところもあります。しかし、実際にやってみたらあまりうまくいかなかった、一回きりで終わってしまったという声もよく聞きます。それも仕方のないことで、いきなり社員を集めて「さあ、みなさんで会話をしてください」と言っても、その場の会話が盛り上がるとは限りませんよね。交流の場を設けるのはいいのですが、ただ場所を用意しただけではあまり意味がありません。

そこで、交流の場をつくるときに、上司が率先して話を始め、「自己開示」していただきたいのです。私は企業の講演会に呼ばれた際、参加者同士のグループワークを行うことがあるのですが、「まず自己紹介からやりましょう」といっても、やはりなかなか誰も話そうとはしません。そこで私は、まず自分の実体験をお話しするのです。その講演会のテーマがストレス・マネジメントについてであれば、「私はストレスの専門家と言われているけど、私もストレスで円形脱毛症できちゃって、悩んだ時期もありますよ」などと最初に自己開示してしまいます。すると、はじめは「講演会なんて面倒だな」という顔をしていた社員の方たちが、興味を持ったように少しずつ表情が変わってくるのです。それからグループをつくってもらって「1人3分ずつ、自己紹介と、自分のストレス体験を話してください」と言ってスタートすると、みなさんつい話に熱がこもって、なかなか終わらない。「もう終了時間ですよ」と言っても話すのをやめないのです。

「私、ストレスが溜まると眠れなくなっちゃうんですよ」
「私も同じです。でも、アロマテラピーをやったらよくなりましたよ」
「えっ、本当ですか！　どのアロマがいいんですか？」

などなど、私が話すよりもよい情報交換・交流ができていることもあります。私の自己開示をきっかけに、自然に会話のしやすい雰囲気が生まれたというわけです。これはぜひ、管理職や人事部の方にも試していただきたいと思います。

昔は良くも悪くも家族意識が強い会社が多く、ワイワイガヤガヤする空気が浸透していました。今では個人に干渉しない方がよしとされつつあり、出社してからほとんど話さずに退社するような社員も多いのではないでしょうか。職場に適度な会話を生むためには、管理職からの働きかけも必要だと感じます。

（空気）
KUKI
25
人が集まる職場は、当たり前の一言ほど徹底人が逃げる職場は、当たり前の一言がなあなあ

あなたは、毎日職場できちんと挨拶できていますか？　挨拶はビジネスマナーの基本中の基本と言えますが、最近では「挨拶をしないのが普通」であったり、小さな声でぼそっと言うだけで誰も聞こえておらず返事をしない、しかもそれを問題視しない、といった職場が少なくないように思います。得意先の前では「お世話になっております！」としっかり挨拶できるのに、オフィスに戻ったら不愛想、なんて人も珍しくありません。

けれど、挨拶は〝人が集まる職場〟をつくる上で欠かせない、基礎の基礎にあたります。

特に挨拶が必要なのは「マニュアル型」の人です。コラム２の図解でお見せした通り、私はこれまでのカウンセリングやコーチングなどの経験から、心が折れやすい部下を４タイプに分けて定義しています。その１つが「マニュアル型」で、協調性が高く真面目で几帳面な一方、気晴らしが不得意で自分を抑え込み、不安やストレスを溜めがちな人を指します。

この「マニュアル型」が特に多い職種として最近よく耳にするのが、ＳＥ（システムエンジニア）です。ＳＥという仕事は、ソフト開発やメンテナンスのために取引先の会社に出向することも多く、そういう人は違う会社の社員たちに囲まれて、長期間アウェーの空気を味わわなければいけません。本来の上司とは月に１回程度ミーティングをするぐらいで、悩みを抱えていてもなかなか相談できない。出向先の社員たちは親切にしてくれるけど、あくまで別の会社の人たちなので話しかけづらい……そんな状況が続くと孤独感が非常に強くなり、会社に来なくなったりうつ病になったりしてしまう、そんなケースを近頃よく相談されます。また、過去のコンサル経験から言えば、業界全体に生真面目で堅い雰囲気があり、同じく出向が多い職種である金融機関や公務員にもこのようなケースが多いと感じます。

そのような部下の相談を受けたとき、私が上司の方にまずお話しするのは、基本的なことですがやはり挨拶をしましょう、ということです。その部下の普段の様子を聞くと、毎朝職場に入って来ても挨拶しないまま机に座って、パソコンを立ち上げて黙々と仕事をしている、といいます。それでは出向先の方ともなかなかコミュニケーションは取れないので、部下にはまず挨拶ができる人になってもらってくださいとお伝えしています。それぞれのケースの問題と対処を具体的に考えていくのはこの後です。

またこのとき、上司が「ちゃんと挨拶をしなさい」と言うのは逆効果で、ここは上司の方から率先して挨拶をして、「挨拶は当たり前」という雰囲気をつくり、部下に意識を変えてもらう方が効果的です。

未だに「挨拶は部下の方からするべき」と考えて、自分からは頑なに声をかけないような管理職も中にはいますが、そんなことをしたら余計に部下は挨拶をしなくなります。私が以前に働いていた企業でも「こちらから『おはようございます』と言っても返事がない幹部がいる」「エレベーターで乗り合わせたから会釈をしたのに無視された」と、新入社員から苦情が出たこともあります。

たかが挨拶、されど挨拶。出社したら「おはようございます」、廊下で社員とすれ違ったら「お疲れさまです」、仕事を終えたら「お先に失礼します」……これら基本的な挨拶はもちろん、何かをしてもらったら「ありがとうございます」ときちんとお礼が言えることも大切です。当たり前のことですが、当たり前だからこそこれらの一言は軽視され、なあなあになりがち。コミュニケーションの第一歩として、挨拶は徹底するように心がけてみてはいかがでしょうか。

（空気）
KUKI

26

人が集まる職場は、仕事に関係ないことに時間を使う 人が逃げる職場は、1分1秒も無駄にしない

ペプシコ本社で経営企画部門のマネージャーを務めていたとき、「就業時間のうち、最低でも10分の1以上は、仕事に関係ない時間（アイドルタイム）を持つようにしなさい」と上司から言われていました。忙しいとどうしても1日が仕事でめいっぱい埋まってしまいがちになりますが、そういう人こそ、意識的に仕事とは関係のない時間を持った方がよい、という考えが浸透していたのです。アイドルタイムの使い方は人それぞれで、仮眠をとったり、瞑想をしたり、本を読んだり、公園に散歩に出かけたり……短い時間でもあえて仕事から離れることでリフレッシュでき、すっきりした気分で残りの仕事にも取り組めるようになります。

「部下に嫌われる上司」にはさまざまなタイプがいますが、そのうちの１つが「とにかく効率重視で、１分１秒も無駄にしたくない」タイプ。部下が報告や相談に行っても「簡潔にまとめて話して」「で、結論は?」なんて言い放ってしまうような、せっかちな人です。自分から話しかけるときも、挨拶も雑談もなくいきなり仕事の話をして、用が済んだらすぐに席に戻ってしまう。たしかに無駄がなくて効率はいいかもしれませんが、こういう人はコミュニケーションが下手で、かつ息抜きも下手だと言わざるをえません。

反対に、無駄な時間の使い方が上手な人は、コミュニケーションが上手な人です。たとえば、営業の達人と呼ばれるような人は、雑談が非常にうまい人ばかりです。本題に入る前にまずは天気の話をして、「最近は寒い日が続きますね。そういえば、Aさんは新潟のご出身ですよね?　今の季節は東京は青空ですが、新潟は雪で大変でしょうね」……とどんどん会話を広げていきます。相手の出身地や趣味など、ちょっとしたこともきちんと記憶しているというのも、「あなたに関心があります」ということを伝えるポイントですね。そうやってある程度話しやすい空気をつくってから徐々に商談に入ると、相手も本当に思っていることを口にしやすくなるもの。さらに達人はここでしっかりと傾聴し、相手のニーズを的確に引き出すことで、成約につなげているわけです。

雑談なんて仕事に関係ないじゃないかと思う人もいるかもしれませんが、そういう時間を大切にする方が、案外うまくいくのです。

何気ない会話の中からアイデアが生まれたり、ふと大事なことを思い出したり……適度な息抜きによってプラスになることはたくさんあります。気持ちにも余裕が生まれ、かえってスムーズに仕事を進められるのではないでしょうか。

アメリカのソフトウェア開発会社のＳＡＳは、企業全体で「仕事以外の時間を大切にする」をとことん追求・実現して成功している好例です。ノースカロライナ州キャリーにある本社キャンパスは、緑地に囲まれた広大なエリアにあります。２つの託児所、クリニックやプライベートスクール、ワークライフの相談センター、サッカー場、プール、フィットネスジム、体育館……一企業のオフィスがほぼひとつの街として機能している、すばらしい環境です。今でこそ日本でも子ども連れの出社を認める企業などが増えてきていますが、ＳＡＳはそれを20年も30年も前から実践しています。

そんなＳＡＳの年間離職率は、なんと驚きの４％。この実例は「仕事以外の時間を大切にすることが社員幸福度や仕事の充実につながる」ということを表すとともに、「ワークライフバランスを追求した理想の企業が実在する」という、我々メンタルヘルスの専門家にとっての大きな希望ともなっています。

（空気）
KUKI

27

人が集まる職場は、花金はスマートに交流
人が逃げる職場は、花金はハメを外して大騒ぎ

アメリカには「TGIF（Thanks God, It is Friday）」という文化があります。これは日本の「花金（花の金曜日）」にあたるもので、「月曜日から一週間働いて、ようやく金曜日、休めるぞ！」と、週末の訪れをささやかにお祝いするものです。

ペプシコほか、私がいたアメリカの企業では、職場内でTGIFを楽しむこともよくありました。といっても、盛大な飲み会やパーティーを開くわけではなく、午後4時に仕事を終わらせて、会社の会議室でソフトドリンク片手にポテトチップなどのお菓子をつまむ程度。飲食代は会社の経費から出ます。参加は強制ではなくて、忙しければ仕事をしていてもかまいません。

紙コップでドリンクを飲んで、紙皿にのったお菓子をつまみながら「今週はこの仕

事が大変だった」「がんばってなんとか乗り切った」とお互いをねぎらう。時には社長が顔を出すこともありました。すごくいい時間で、みんな本当にリラックスしていたなあと今でも思い出します。

これは30年近く前の話ですが、当時の日本はどうだったかというと、金曜の夜は居酒屋でどんちゃん騒ぎをして、2軒目にスナックに行って大半が酔い潰れ、残ったメンツで明け方まで延々とカラオケ……というのが当たり前。それに比べると、欧米はずいぶんスマートだなと感じたことを覚えています。

「毎日忙しく働いているのだから、金曜の夜ぐらい酔っ払ってガス抜きをしたい」という気持ちもよくわかります。しかしながら、楽しいお酒ならまだしも、酒に飲まれてしまうような飲み方はいただけません。パワハラやセクハラもお酒の場で起こることが多々あり、お酒で失敗した人をこれまで何人も身近に見てきました。部下をつかまえて延々と愚痴をこぼしたり、説教をしたり、過剰なまでに弱音を吐いたり……こういった上司は、「あの人、お酒が入ると面倒な人だよね。あまり関わらないようにしよう」と悲しいレッテルを貼られてしまうかもしれません。

最近では「飲みニケーション」（飲みの場を利用した交流）という言葉さえもアルコール・ハラスメントの一種と捉えられ、「上司の酒に付き合わされるのが苦痛」「飲み会の時間に残業手当をつけてほしい」なんて声が聞こえてくることもあります。

では飲み会を全面的に撤廃してしまえばいいのかというと、それほど単純な話でもなく、逆に飲み会などの社内交流が少ないために良好な人間関係が築けず、人が去っていくという職場も多々あります。

現代の職場における飲み会の是非については議論も多く、難しいところではあります。ただ、問題は飲み会があるということより、質と中身にあることが多いので、参加の強要やお酌の強要、ハラスメントにあたる振る舞いなどがなければ、飲み会がプラスに働くこともよくあることです。

けれど、少なくとも「お酒に飲まれやすい」という自覚のある人、「アルコールが入らないと部下とコミュニケーションが取れない」という人は黄色信号。前者はハラスメントを起こしやすいですし、後者は日常的なコミュニケーションが不足しているということになります。こういう人は特にしらふのときにこそコミュニケーションを取るように心がけましょう。

また、煙草をコミュニケーションツールの一つと考える人もいます。私も昔はヘビースモーカーだったのですが、30年前にピタリとやめて、今はもう一本も吸っていません。昔はどの企業も職場で喫煙が可能で、職場には煙が充満していました。部下が上司の煙草に火をつけたり、煙草を吸うことで間を持たせたりと、絶妙なコミュニケーションができていたのは確かです。しかし、今ではほとんどの企業がオフィスでの喫煙を禁止していますし、喫煙所を撤廃する企業も増えてきています。何より健康リスクがあるものなので、喫煙もスマートな交流とは言えない気がします。

花金や休憩時間などに、アルコールや煙草に頼らずにコミュニケーションを取る方法として、もっとも手軽でスマートなのはコーヒーブレイク・ティーブレイクではないでしょうか。ドリンクや軽食・お菓子をコンビニで買ってきて、会議室のドアを開放したまま、上司と部下が雑談をする時間を設けてみることをぜひおすすめします。きっと、ほどよくリラックスした自然なコミュニケーションが生まれるはずです。

（報連相）
HORENSO
28
人が集まる職場は、「報連相」を意識しない
人が逃げる職場は、「報連相しろ」が飛び交う

「うちの若い人たちは報連相ができていない。催促しないとしてこないし、してきてもタイミングが遅いことばかりで、気づいたときには手に負えない状況になっている。『なんでもっと早く言ってこなかったんだ』と注意しても『すみません……』と謝るばかり。いくら『報連相は社会人の基本だ、常識だ、ちゃんとしなさい』としつこく指導しても、なぜかうまくいかない……」

実によく聞く話です。私も大きな組織で管理職をやっていたときなど、そのような愚痴をこぼしていたことがあります。「報連相」とはもちろん「報告・連絡・相談」のこと。あらゆる仕事の基礎となる部分ですから、これができていないとなると致命的

です。「報連相しろ」と口すっぱく指導したくなるのも当然のことでしょう。

しかし、考えてみてください。「ちゃんと報連相しろ」という言葉が飛び交うということは、その職場は〝自然に報連相が起きていない〟という恐ろしい警告が出ているとも言えるのです。これは人が逃げる職場の特徴のひとつです。

なぜ、自然に報連相が起きないのか。その原因は、実は「聞く側」の上司にあることが多いのです。報告・連絡・相談を受ける側の管理職が、「話しかけるな」と言わんばかりに日々忙しそうにしていたら、部下はなかなか声をかけられません。あるいは、「忙しいんだから早くして」と急かしたり、「なんでそんなことをしたんだ！」といちいち過敏に反応したりしていれば、「あの人はすぐ怒るから、報告しないほうがいい」と報告を避けられることもあります。

あなたは、「部下が大事な報連相をしてこない」と愚痴る前に、部下が報連相しやすいような工夫や努力をしているでしょうか？

工夫や努力といってもどうしたらいいのか、と疑問に思われたかもしれませんが、実はやるべきことはごく単純です。ひたすら「傾聴」すればよいのです。「この人は忙しくてもちゃんと話を聞いてくれる」「すぐ感情的になったりせず、落ちついて最後まで聞いてくれる」ということが印象や経験として部下に伝わっていれば、自然と報連相も生まれてきます。日々のちょっとした報連相であっても、「仕事の手を止め、相手に体を向ける」「適度に目を見る」「相槌を打つ」「うなずく」「キーワードを繰り返す」といった傾聴のテクニックをできるだけ用いて、しっかりと耳を傾けてください。

ここで大切なのは、とにかく「最後まで聞く」ということ。管理職にもなると、知識や技能、経験も豊富でしょうから、若い人と話をしていると、「一体何を言っているんだ？」「どうしてそんなことを言ってくるんだ？」などとついイライラすることも多いでしょう。かくいう私もそういうことはよくあります。けれど、そこで「君、バカなことを言うんじゃないよ」「そうはいってもさ……」「もっと頭を使えよ」などと言ってしまったら、そこでおしまいなのです。思わず口を挟みたくなるのをグッと我慢して、腹式呼吸をして気を落ち着かせながら、とにかく最後まで聞いてあげてください。すると、部下も最後の最後になって、「本当にこんなことまで言っちゃっていいのかな……。でも、ここで言っておこう」というような本音をぽろっと漏らすことがあります。それこそ、部下が本当に言いたかったことであり、上司が真に求めていた大切な情報や、驚くようなヒントだったということがよくあるのです。

このことは、管理職時代の経験に加え、産業カウンセラーやエグゼクティブ・コーチとして数々の初対面の人から相談を受けてきた経験からも学びました。一通り話も終わって、「今日はこの辺りで終わりにしましょうか」と席を立ちかけたときや、出口に向かう最中に、動きが一瞬止まり「あの、実は……」という本音の話が出る。これは、こちらがグッと我慢して最後まで聞く習慣を身につけていないと経験できないものです。そこから相手の本当の悩みや課題が引き出され、真の解決まで導くことができたり、相手が本当に言いたかったことを言えたことで安心して、ふっきれて帰っていくといったこともよくあります。

このような双方にとってよい結果を導くためにも、「簡潔に、ロジカルにわかりやすく話しなさい」という言動には要注意です。優秀な上司ほど、「結論から先に言いなさい」「５Ｗ１Ｈを意識して、筋道立てて簡潔に話しなさい」と指導したくなるもの。これも実は、あまりよくありません。というのも、相手が要領をえない話をするときというのは、報連相する側も混乱している、簡潔にまとめて報連相できないからこそ困っている、といったことが多いのです。

コーチングにおいても、「では山田さん、今本当にやりたいことってなんですか。将来を思い描いて、3つの言葉にしてみてください」などと言ったところで、まずどんな優秀な人であっても出てくるものではありません。なんとか3つ出てきたとしても、その場の創作であったり、本人も腑に落ちていなかったりします。自分でも気づかないような心の底にあるもの、「ああ、私が言うべきだったこと、言いたかったことはこれだ」という本音は、ひたすら傾聴され、「もう大体のことは言い尽くした。今日は切り上げて帰ろう」と腰が上がりかけた瞬間にこそ、ふとこぼれ出てくるものなのです。

未熟な部下に、上手な報連相の仕方やタイミング、「悪い話の相談ほど早くすべきだ」といった基本などを日頃から指導するのも大切なこと。しかし、たとえ部下が要領をえない報連相をしてきても、ひたすら我慢して耳を傾けてみる。それこそ〝半分でいい〞の精神で、「5分の話の中で、本当に伝えるべきことや伝えたいことが1つでも含まれていたらそれでいいんだ」とおおらかな気持ちを持ってみてください。

（報連相）

HORENSO

29

人が集まる職場は、管理職が歩き回っている
人が逃げる職場は、管理職が座っている

「優秀なリーダーは首が焼けている」

私が米ペプシコ本社にいたとき、よくトップマネジメント層から言われた言葉です。首が焼けている、というのは意味不明だったのですが、やがて「よく歩き回っている」という意味だと知りました。つまり、ネクタイを取り、親しみやすくオープンな雰囲気を漂わせながら、オフィスや工場、倉庫の様子を見に行ったり、お客様のところへ行ったり、そこらじゅうを歩き回っているということです。そうすると、自然と首が日に焼けてきます。

反対に、ネクタイを締めて一日中オフィスにいる、堅物でインテリの管理職は「首

が白い」と揶揄されることもありました。

もちろん、実際に首が日に焼けているかどうかは問題ではありません。**ここでお伝えしたいのは、「人が集まる職場というのは、管理職がデスクに座っていないものだ」ということです。**

デスクに座ってパソコンや書類ばかり見ていると、自分の元に集まってくる細かな文章や数字ばかりと向き合うことになります。たしかにそれらの情報も大切で欠かせないものです。しかし、本当に管理職が見逃してはいけない情報というのは、現場の部下や顧客のところに行ってみないことには、なかなか気づけません。「何通メールをやり取りしてもうまく伝わらなかったことが、直接会って話したら一言で通じた」「報連相が来ないので自ら聞きに行ったら、すぐに対処すべき問題が発生していたことに気づけた」なんて経験は、読者のみなさまにもあるのではないでしょうか？

「事件は会議室で起きているんじゃない、現場で起きているんだ！」なんて有名なセリフもありますが、これはビジネスにおいても同じこと。その場に行ってみないと真実がわからないことはたくさんあります。

トピック28で「報連相を受けやすくなる態度」についてお話ししましたが、報連相が来ないなら、「この案件は最近どうなってる？」「何か困っていることはありませんか？」と、自分から自然に聞きに行けばいいのです。そうすれば最新の情報が手に入りやすく、何か問題が発生してもすぐに対処できます。また、部下は「上司は自分のことを気にしてくれている」と感じ、安心感と信頼感を得ることができます。

また、何かと「当プロジェクトのビジョンは〜」と、ビジョンについての話ばかりで具体的な戦略や指示がともなわないのも、現場を知らないリーダーの特徴のひとつです。デスクに座って頭の中でこねくり回したビジョンは、時に現場と大きく乖離し、社員を無意味に振り回してしまいます。特に会社全体のビジョンや理念を定め、浸透させる役割を持つ経営者こそ、現場のリアルな状況を自分の目で確かめずに理想論ばかり言っていないか、よく振り返ってみる必要があります。

私はＭＢＡ（Master of Business Administration：経営学修士号）を取得していますが、

尊敬する上司から、「ＭＢＡより〝ＭＢＷＡ〟のほうがよほど大事だ。覚えておきなさい」と冗談半分で言われたことを、今でも覚えています。〝ＭＢＷＡ〟とはManagement By Walking Around、つまりそこらじゅうを歩き回っている、首の焼けたリーダーのことです。数字やロジック、戦略などを頭に詰め込んで得意になっていた私には耳の痛い話でしたが、親身に私のことを考えてくれた上司だからこそ与えてくれた、貴重なアドバイスだったと思います。その上司はまさに〝ＭＢＷＡ〟の人で、多忙な中で常にあちこち動き回り、私たち部下の様子もよく見に来てくれました。ゆえに間違ったことをするとすぐに気づかれてしまい、ダメ出しも多く受けましたが、私の小さな成長にもすぐに気づいて、親指を立ててウインクしながら「グッドジョブ！」を連発してくれました。

ただ自分のデスクで待っているのではなく、自ら歩き回って、声をかけ、情報を取りに行く。このようなマネジメント方法、つまり〝ＭＢＷＡ〟は、よいリーダーの必須条件であると思います。

大学においても、中年の教授が学生たちに「俺はオープンだから、何かあったらいつでも俺のところに来い」と言うけれども誰も来ない、なんて現象はよくあります。私もかつてはそうだったと思います。学生から見たら、〝中年の大学教授〟など〝教壇で難しいことを講義している遠い人〟、あるいは〝偉そうなオジサン〟程度の認識であることがほとんど。何か相当なことがないかぎり、自分から話しに行くこともないわけです。

私が見てきたさまざまな会社でも、同じようなことが起きていたと思います。「俺は課長だ」「リーダーだ」と威張っていると、誰も寄ってこない。１人だけ課全体を見渡せる位置にデスクを置き、どんとかまえて報連相を待っていると、だんだん報連相が来なくなる……。

優秀なリーダーほど、自分の椅子を引きずって部下のデスクに赴き、その場で話をしているものです。すると時にはその場に人が集まりだして、小さな社員の輪ができたりすることもあります。よきリーダーを目指す人は、ぜひ積極的に歩き回るようにしてみてください。

そして部下の元へ行くときは、「優秀なリーダーは首が焼けている」ことを思い出して、上着を脱ぎ、ネクタイも緩めて、親しみやすい雰囲気で歩み寄るようにしてみてはいかがでしょうか。

（報連相）

HORENSO

30

人が集まる職場は、報告・申請を気楽にできる
人が逃げる職場は、報告・申請を細かく形式化

情報は鮮度が命。重要なことほど、手の打ちようがなくなる前に把握しておきたいものです。れども、自分の元に情報が回ってくる頻度が少ない、スピード感がないとしたら、それは報告・申請を細かく形式化しているせいかもしれません。

たとえば、次のようなことになっていませんか？

- 「日報」や「営業報告書」といった各種報告書の数や記入項目が多い
- 「休暇届」など各種申請書の数や記入項目が多い
- 各種報告書・申請書の締切がやたら早い
- 各種報告書・申請書に必要なハンコの数が多い

これらの書類が増えれば増えるほど、書く側はもちろん、チェックして承認する側も大変です。「デスクに積んでいるうちに期限を過ぎていて、部下を困らせてしまった」……なんてこともしばしばあるのではないでしょうか？　私も１００人を超える部下を抱えていた時代には、そんな経験が山ほどあります。

このように報告・申請の項目が多かったり、承認者の数が多くなるのは、「リスク管理」のため——と言えば聞こえはいいですが、それだけ責任の所在を分散させているということでもあります。また、細かい報告を形式化させることで、上司が自分自身を安心させているだけ、という面も大きいのです。

もちろん、責任が重い仕事や危険をともなう仕事など、細かい記述や承認が必須のこともあるでしょうから、一概に「報告・申請を気楽にできるようにしなさい」とは言えません。

ただ、報告・申請を細かく形式化することは、真面目な人ほど陥りがちな「型から入る」思考の典型例だということは知っておいてください。毎週・毎月の報告内容や形式、頻度などを細かく定められると、部下からすれば面倒になってくるもの。だんだんマンネリ化し、かえってきちんと報連相がなされなくなる、というのもよく聞く話です。

職種や業界にもよりますが、報告・申請の形式、規則、マニュアル、ルール……といった「型」は、今一度見直す必要があるのではないでしょうか。

人が逃げる職場では、「型」が増えつづけます。それらはかえって職場の生産性を下げ、必要以上に大きなストレスを社員に与えてしまうリスクがあります。新しい「型」は、その時々の時代や状況に合わせるために必要なことも多いでしょうが、無駄な「型」の排除・見直しに目を向けない、というのは大問題です。何十年も前の状況に合わせて定められた規則が、ただ「見直す人がいない」という理由だけで残り続けている……そんな職場は多いのではないでしょうか。

けれど、いざ古い「型」を見直そうとすると、10人いれば10通りの意見が出てきます。「私はこの規則必要だと思う」「いや、僕は必要だとは思わない」「この提出方式は社長の発案だった。残すほうが無難だろう」……。いくら古いと言っても、「型」がつくられるのにはそれなりの理由があるわけで、なかなか気軽にデリートできません。

そこで取り組んでみてほしいのが、「とにかく半分にしてみる」ことです。

報告・申請の数や項目、職場の規則などをはじめとしたさまざまな「型」を、とにかく半分に減らしてみるのです。

これをやってのけたのは、私が勤務していた時代のシスコシステムズのＣＥＯ、ジョン・チェンバース氏でした。ある日彼は、「もう余計な規則はいらない。10年前からある規則は、半分に減らせ。責任は俺がとるから」と号令したことがありました。もちろん実際は単純に半分にできたわけではありませんが、彼はそのくらいの気概を持って無駄な規則を削れと号令したのです。「そんな大胆なことをして大丈夫なのか」と心配になるかもしれませんが、本当に必要だったルールは自然に復活させられることになりますから、「無駄なものは消え、本当に必要なものは残る」という理想的な状態に近づくことができました。そうして、いわゆる〝慣習化されたお役所仕事〟が排除され、会社の生産性は格段に上がり、社員のストレスも確実に軽減されたのです。

社員に必要以上の時間や労力をかけさせるような古い「型」は、思い切って半分にしてみるように働きかけてみてはいかがでしょうか。もし減らしたことで不都合になってしまったような「型」があったなら、より最適な形で復活させればよいのです。

もちろん、「この規則は上の方針だから変えられない」といった場合も多いでしょう。そういうときは、自分のチームや身近な範囲内で何か無駄な「型」がないか探し、半分に減らしてみてください。そうして成果が出れば上層部にも提案しやすくなるでしょうし、自分が普段身を置いている範囲だけでもよい変化があることで、たいていの人は過ごしやすくなります。


ちなみに、私は学生や仕事で関わる人にもＬＩＮＥやFacebookなどのＳＮＳアカウントを教え、ちょっとした報連相などの単純なやりとりはＳＮＳで済ませることがよくあります。若い人ほど、対面での会話や電話・メールでのコミュニケーションより、そのようなＳＮＳの方が馴染み深いもの。「ちゃんとした報告じゃなくてもいいから、とにかくＬＩＮＥしてきて」と言っておくと、すばやい連絡を受けやすくなります。

厳格な様式やルール・マナーを尊守することも必要ですが、場合によっては気楽でスピーディーな手段を活用できる柔軟性も持っていたいものです。

（報連相）
HORENSO

31 人が集まる職場は、会議が少なくても回る 人が逃げる職場は、とにかく会議が多い

「このプロジェクトはいろいろな問題を抱えているから、ぜひ当面は週1回会議を開いて、意見交換しましょう！」

部長や課長、チームリーダーがそう呼びかけ、当面、あるいはとりあえずと言いながら、定例会議がまた１つ増える。その裏では「毎日毎日会議ばかりで、全然仕事が進まないし、まいっちゃうよ……」「どうせ主導権を握ってるのは部長で、自分たちには発言権も決定権もないのに、参加したって無駄だよな……」とみな嘆いている。これもまた、〝人が逃げる職場〟でよく見られる「あるある」な光景ではないでしょうか。

どんな職場にも〝やたら会議が好きな人〟というのが一人二人いるもの。これも報

告・申請をやたら細かく形式化・定型化したがる人と同じく、責任感が強く真面目な人ほどそういう傾向があり、周囲も反対しづらいことが多いのです。

けれども、会議の多さや長さは、社員のモチベーションを下げる典型的な原因のひとつになっています。

では、「やたら会議が多い職場」が〝人が逃げる職場〟だとしたら、その反対の〝人が集まる職場〟はどうなるか。それは、「会議がなくても回る職場」になるでしょう。何をそんな理想論を、と思われるかもしれませんが、実はこれ、実例があるのです。

私は以前、米ペプシコ本社の100％子会社である日本ペプシコーラ社にいたとき、北陸地方のボトラー（各国・各地域において清涼飲料水のボトリングと営業販売を行うフランチャイズ契約会社）との事業連携を担当していました。そのため、当時の社長のOさんとは頻繁に連絡を取っていたのですが、ある日、驚くべきことを聞かされました。彼の会社では全ての定例会議を禁止しており、会議がゼロだというのです。この会社は数百人規模の社員を抱える大きな会社でしたし、当時は携帯電話やインターネットもない時代です。さぞかし問題が多発していたかと思いきや、そんなことはなく、業績は好調、成長を続ける優良企業のお手本のような会社でした。社内の雰囲気も明るくのびのびとしており、大きなトラブルや離職問題なども、私の知るかぎりではありませんでした。

「世の中に会議をやらない会社が本当にあるのか」と、私も半信半疑で何度も確認をしました。しかしO社長は、「本当に会議のたぐいはゼロ。年始の会議もやらない。普段からその場で報連相して、その場で決断すればよい。むしろなぜそんなに会議が必要なのか、こちらが聞きたいぐらいだ」とおっしゃるのです。確かにO社長は、日頃からこまめにコミュニケーションを取る人だったので、会議の必要性を感じなかったのかもしれません。

余談ですが、O社長は元々財務省の出身であり、税務署長も務めた経験がある方です。規則やマニュアルを重視する世界にいたのですから、当然、会議の運営やルールについても詳しく、これらを重視していてもおかしくないはずです。にもかかわらず、会議はゼロという思い切った施策に出る。このギャップには本当に驚かされました。

この会社の部長であり役員だったYさんという方とも親しかったのですが、Yさんもまた、社長の教育のためか、コミュニケーションが密な人でした。驚いたのは、

1990年に仕事で一緒に北京に行ったとき、帰りの飛行機の中でのこと。Yさんは当時導入されたばかりだった飛行機の中から電話ができるサービスを使い、さっそく各所と連絡を取っていたのです。

これはちょっと極端な例かもしれませんが、やはりそれだけスピーディーなコミュニケーション文化があったからこそ、会議がゼロでもうまく回っていたのではないかと推測します。

こんな実例もあるとはいえ、「会議をゼロにする」というのは、ほとんどの会社では難しいでしょう。よって、より効率的に会議を行う方法を考える必要があります。

ただ、私はまず第一に、そもそもその会議は本当に必要なのかどうか、ということから見直すべきだと思います。特に「定例」会議には要注意です。毎朝の朝礼、毎週・毎月の定例会議や報告会が本当に必要なのかどうか、今一度見直してみてください。もちろん、多くの会社に会議があるのにはそれなりの理由があるわけですが、それも承知の上で、見直すようにお伝えしたいのです。

次の図に会議についてのチェックポイントをまとめました。ここでのポイントもやはり、〝半分でいい〟の精神です。

“人が逃げる”会議をやっていませんか？

①会議の頻度は適切か（半分に減らしてみても回るのではないか？）
②会議の内容は適切か（目的や意義は何か？　普段のコミュニケーションやレポートで足りていることはないか？）

普段のコミュニケーションや報連相で間に合っていることはないか、もう一度見直してみてください。報告・申請と同じく会議も1つの「型」ですから、とりあえず半分にしてみて、問題があるものから戻していくという方法をとってもよいでしょう。実際に行う際に気をつける点については、次のトピック33で解説しています。

③会議を行う時間帯は適切か（人が集まりにくい時間、個々の業務に集中すべき時間や、会議に集中できない時間に設定されていないか？）

適切な時間帯というのはそれぞれの職場において異なりますので、出席者の意見を伺った上で設定するようにしてください。ただ1つ共通する話として、「月曜朝イチからの会議」と「金曜夕方からの会議」だけは経験上からもおすすめできません。20年くらい前までは、朝8時から気合を入れて行う会議や金曜夕方から熱意を込めて行う会議はよくありました。しかし、月曜の朝イチはほとんどの社員の頭がまだ覚醒していない状態ですし、金曜夕方からの会議は疲れが溜まっている上に、翌朝の仕事がない分ずるずる後ろに伸びてしまい、非常に効率が悪いのです。「気合」や「情熱」で会議を行ってもほとんど意味がないということを心得ておいてください。

④会議を行う場所は適切か（会社の会議室で行う必要があるのか？　ビデオ会議、ネット会議等でもかまわないのではないか？）

会社の会議室で実際に顔を合わせて話し合うことだけが会議ではありません。特に今は、インターネットを用いたビデオ会議・ウェブ会議も気軽に実施できる時代です。私がシスコシステムズの本社によく出張していたとき、同じチームのあるメンバーは1年のうち半分はコロラドの自宅兼別荘におり、会議もビデオ会議で参加していましたが、特に支障はありませんでした。

たとえばあまり家を離れられない子育て中の社員なら、自宅からビデオ会議で参加すればよいでしょう。出張が多い営業職など、あちこち飛び回っているような多忙な職種なら、出先でタブレットやスマートフォンを使って参加してもよいと思います。

ただ、実際に顔を合わせてコミュニケーションを取ることが大切だということもまた、真実です。本当に必要な場面・重要な場面においてのみ、フェイストゥフェイスの会議を行うようにしてみてはいかがでしょうか。

⑤議事録やメモの取り方は適切か（型式のために無駄に細かくなっていないか）

議事録やメモにおいても、〝半分でいい〟の精神が必要です。私が見てきた職場において、完璧な議事録を残すルールがある職場ほど、非生産的なところが多いものでした。以前、アップル本社で上級幹部を務めていた親しい友人から直接聞いた話ですが、会議でメモを取ろうとした際、スティーブ・ジョブズから「あなたは、メモを取らないと私の話を覚えられないのか？」と鋭く言われ、冷や汗が出たことがあるそうです。これはブラックジョークなのかもしれませんが、メモを取らなくては忘れてしまうような話は大して重要な話ではない、というのは一理あるでしょう。私も40年以上企業勤めをしてきて、一生懸命会議の議事録やメモを取っていた時期もありましたが、振り返ってみればその99％近くは無駄だったなと思います。

本当に大事なことは、メモを見直さなくても覚えているものです。新人のうちは学ぶことも多く、いろいろと書き留めて注意しておかなければ失敗してしまうこともあるでしょうが、管理職レベルになると話は別です。必死にメモを取ることに時間やエネルギーを使うのではなく、相手と真剣に向き合うことに使うべきでしょう。

⑥席順やセッティングなどの形式にこだわりすぎていないか

会議での席順というのも１つのポイントです。人が逃げる職場というのは、社長が上座に座っていて、次に副社長の席、その次に常務の席……と、席順が決まっているものです。私も職場改善の専門家・コンサルタントとして、海外も含むさまざまな企業の会議に出席することがあるのですが、いざ会議室に入ってみると、張り詰めた空気の中、社員が役職に応じてずらっと規則正しく並んでいる――そんな場面によく遭遇します。「あの人がトップで、あの人がナンバー2だな」ということが、ひと目でわかるのです。人事の方が「うちの会社は業績も伸びているのになぜかうつ病が多くて、困っているんです」とおっしゃるのも納得してしまうような、堅苦しく気が詰まる雰囲気を、入った瞬間に感じます。歴史ある名門企業や大手企業ほどありがちなことです。

日本はどうしても「型」にはまったマナーや礼儀を重んじる傾向にあります。席順1つをとっても、上座がどうだとか着席順がどうだとか、挨拶の順番がどうだとか、気をつける点がたくさんあります。ひどい会社だと、管理職層以外は壁際にイスを並べて座り、ひたすらメモを取っていたりします。

もちろん、「型」を重んじることできちんと回ってきた面もたくさんありますから、一概には言えません。**ただ少なくとも、「型」にこだわりすぎる職場に、若い人はついてきません。**逃げていくか、あるいは我慢しつづけて心身が不調になり、潰れてしまうという例を多く見てきました。

一方、コンサルタントとして参加してきた会議の中には、こんな事例もあります。突然の要請を受け、ほぼ飛び込みでとある会議に参加した際、終了後に役員紹介を受け、「えっ、あの人が社長だったの？」と驚かされたのです。その社長さんは一番謙虚で穏やかな雰囲気を持っており、席次も上座ではなく、ネクタイもしておらず、控えめながらもうまく周囲の発言を促しているような方でした。そのほかにも、参加者の中で一番気さくでユニークな人がトップだった、といった経験も幾度かあります。

そのような会社は事実として社員の心身不調事案が少ないことが多く、トップが社員を尊重し、また社員もトップを尊敬する、そんな〝人が集まる職場〟になっていたと思います。

（報連相）

HORENSO

32

人が集まる職場は、アイスブレイクから入ってきっちり終える
人が逃げる職場は、始まりにうるさく終わりに無頓着

会議に関する不満でよく耳にするのが、「多い」の次に「長い」こと。

「5分前集合だ！」と開始時間にはうるさいのにダラダラと長く、結論もはっきりしないまま「じゃ、あとは各自よろしく」と適当に終わるのが、典型的なNG例です。

このように、始まりにはうるさいけれど終わりには無頓着、というのは、実は完璧主義な人ほど陥りがちなことだったりします。完璧ゆえに「誰が遅刻した、欠席した」といった目に見えることには敏感ですが、会議の内容にも完璧を求めるあまり、いつまでも話し込み、ああでもないこうでもないとずるずる延長してしまったりもするわけです。

真摯に意見を交わし合い答えを追求するのも大切ですが、あまりに長すぎるとだん

だんだん頭も回らなくなってきますし、話が広がりすぎて本来の目的から逸れてしまったりと、非生産的になることがほとんどです。

トピック31でお話しした「本当に会議を行うべきかよく検討する」こととも通じてきますが、会議を行う際には、目的をはっきりさせ、参加者全員にあらかじめ周知しておきましょう。その目的に沿って事前に考えを整理してきてもらい、いざ行う際にも改めて目的と議題の優先順位を明示してから開始させます。最後には、決定事項・共有事項・宿題事項を決定させ、必ず時間内に終えましょう。

改めて書くと「何を当たり前のことを」と感じるかもしれませんが、意外にもこの辺りのことがなあなあになっている職場は多いもの。特に「時間内に終わらずなんとなく延長する」というのは、しばしば起きていることではないでしょうか。

毎回の会議において、その会議のリーダーが「今日は15時までに、最優先事項であるAを決定することを目標にしよう。時間が余ったら次にBを決定しよう」と明示し、全員がその感覚を持つ。たとえば新製品の値段決定が議題なら、「１００円にしようか、１５０円にしようか、その結論だけは15時までに出そう」と決めておく。もし長引いてしまいそうなら、「もし15時までに結論が出なかったら、15時半まで残れる人はいる？」と聞いておき、「次の予定があるので出れません」「仕事が立て込んでいるので遠慮したいです」という人がいたならば無理に引き止めず、「では後で話を共有するので、結論の決定は残った人に任せてくれる？」と承諾を得ておく。そのような会議は生産的であるといえるでしょう。

また「終わり」だけでなく、「始まり」の工夫も重要です。

会議が始まる瞬間からキッチリしようとするほど、ちょっとした遅刻や集まりの悪さが気になるもの。そうしてイライラ、ギスギスした状態で始まる会議は生産的になりようがありません。とはいえ、ここでご提案したいのはもちろん遅刻・欠席を許せということではなく、「最初の5分ほどは雑談をして、アイスブレイクから入るようにしてみる」ということです。

私は若いころ、岩手県での営業を担当していたことがあるのですが、岩手の人々は時間に対してゆるやかな感覚を持つ人が多く、当時の会議には遅刻者も多かったように記憶しています。「岩手の人々はゆるやかな時間の使い方をする」という意味を込めた「岩手時間」という言葉が社内で使われていたほどです。当時は驚きましたが、今振り返ると「岩手時間」には岩手ならではの理由と価値があったように思います。岩手は県内が広いために遠方からの参加者も多く、全員が時間通りに集まることが難しいため、遅刻者を待っている間に雑談し、情報交換や根回しを行う文化ができていたのです。この時間は円滑な会議を行うためにとても重要なものだったと思います。

人が集まってからしばらくの間、なんとなくかしこまっていて居心地が悪いような、少し緊張した空気が流れることがありますね。会議においては、「全然意見が出てこない」「いつも決まった人だけが発言する」といった問題もよく挙がりますが、この冷えた空気を解かしておくだけで、ずいぶん意見が出やすくなるものです。岩手での会議はとても議論が活発だった印象が強いのですが、これは「岩手時間」における雑談の効能が大きかったのではないかと思います。

本当に優秀な人というのは、やはり雑談の使い方がうまいものです。海外の会議やプレゼン、商談などでも、開始前や深刻な話題のときなど緊張が高まっているタイミング、あるいは冗長になってきたタイミングで、参加者、特に管理職のうちの誰かからウィットに富んだ発言やジョークが飛び出し、みんなで笑ってリフレッシュしていました。今思えば、あれも人の心をつかみ、その場を円滑に回すためのテクニックだったのだと振り返ることができます。

ペプシコ本社での会議も、必ずと言ってよいほど、リーダーがみんなを笑わせてから始まっていました。「みなさんご機嫌どうですか？　私は今朝、ワイフと喧嘩して最悪ですよ」と頭を掻く……みんな笑いますよね。それから徐々に空気を切り替えて「今日の議題はこれで、目的はこれで……」とビシバシ会議を進めていく。ペプシコ本社は高い生産性を誇っていましたが、このように、時には笑いを取って場のテンションを上げ、時には冷静沈着に場のテンションを鎮めるという、「場をコントロールする」スキルが高い幹部が多かった記憶があります。

日本にももちろんユーモラスな人は多いのですが、いざ会議となると空気に呑まれるのか、〝最後に一番偉い人が来るまでみんなでシーンと待っている〟……なんて場面をしばしばみることがあります。これは参加者総体での時間コストを考えても、とてももったいないことだと思います。

ダジャレや親父ギャグなんて若い人からは嫌われがちですが、一切砕けた話をしないような人よりはよほどいいでしょう。また無理に笑いを取らなくても、休日の話をするなど軽い雑談をしてみるだけでも、空気は変わってきます。有意義な会議にするために、場の空気をゆるめることが必要なのだと捉え、ぜひ気楽な会話から始めてみてください。

アイスブレイクから入って、きっちり終える。これは会議だけでなく、商談やプレスト、時には飲み会など、あらゆる「集まり」において心がけていただきたいことです。

（安心）

ANSHIN

33

人が集まる職場は、適度に視線が遮られる
人が逃げる職場は、隅々まで視線が届く

以前、ある企業から依頼を受け、職場のストレス低減・予防のためのコンサルティングを受け持っていたときのことです。社員の方々に匿名アンケートを行い、職場のストレスに関する不満や意見を募ったところ、「デスクの配置に配慮がない」という意見が出てきました。


「オフィスが狭いのは分かるけど、周囲の人との距離が近すぎて落ち着かない」

「課長のデスクが常にこちらの様子が見えるように配置されている。課長はいい人なのだが、あの体制だと、課長の視線がダイレクトに届くのですごくストレスだ」

「配置を少しずらしたり、パーテーションを置いたりといった配慮がほしい」

そんなコメントが意外なほど多く出てきたのです。

また私だけでなく、日々さまざまな職場に赴いては相談を受けている産業カウンセラーや産業保健師、看護師さんたちに、どのような相談を多く受けるかヒアリングしたときも同様の話が出てきました。「特に会社に不満はないし、仕事もおもしろいけど、デスク配置だけは変えてほしい。同じ課の人と真正面で向き合う形になっていて、落ち着かない」「職場の人が嫌いなわけではないけど、あのオフィスレイアウトは勘弁してほしい。同僚の動きや話し声、視線がストレスになる」といった声が多く届くとのことでした。

「そんな小さなことに不満が出るのか？」と驚かれた方もいるかもしれません。**しかし実のところ、「オフィスレイアウト」というのは、職場の雰囲気やストレス度を大きく左右するのです。**オフィスレイアウト専門のコンサルタントもあるくらいで、私もストレス軽減のためのレイアウトに関する調査やコンサルティングの要請を受けることがあります。

部長や課長のデスクだけ少し離れた位置にあり、フロア全体を見渡せるようになっていて、その視線の先には、まるで碁盤の目のようにピシリと並んだ部下たちのデスクがある……日本企業によく見られる光景ですね。しかしこのようなレイアウトは、どこか張り詰めた空気をつくってしまいます。

日本の職場のうちの多くは、「視線」や「距離感」などのストレス要因を無視しているような印象を受けます。これは海外ではあまりない話です。私の米国での勤務先におけるオフィスレイアウトはその点、かなりの配慮がされていましたし、取引先の中国やインド・台湾などのオフィスを見学した際も、同じことを感じました。

人の感覚はとても敏感なもの。視線がよく届くような場所にいるだけで、見つめられている、監視されているように感じてしまうことがあります。すると、ただその場にいるだけで、自分でも気づかないようなストレスや疲労が蓄積されていきます。また、前後左右隙間なく並んだデスクなども、周囲の人の動作や物音、においなどで気が散りやすくなります。

このような職場では、集中できるものもできなくなってしまうでしょう。

こんなレイアウトは生産性を下げる!
・視線を遮るものがない
（特に上司からの視線）
・隙間なく並べられたデスク
・整然としすぎている etc…
部長

とはいえ、いち社員の希望でオフィスレイアウトを変えられるかというと、なかなか難しいかもしれませんね。私もそのような相談を受けた際、「配置を変えるだけならお金もかかりませんし、上層部の方に提案してみてはいかがですか？」と提案すると、「いやいや渡部さん、そんなの言えませんよ」と返ってくることがありました。しかし、そこで私からさりげなく上層部の方に話してみると、「それで社員のストレスが減るんなら、すぐにでもやりますよ」と、意外にも受け入れられたこともあります。

そこで、もしあなたが管理職や総務部の方であるなら、ぜひオフィスレイアウトに関する社員の意見をヒアリングしてみてください。それを踏まえ、社員の健康やストレスへの配慮の一環として、上層部にレイアウト変更を提唱できれば理想的です。ただ、それが難しくても、自分のデスクの位置や角度を少しずらす、さりげないパーテーションを置くなどして、自分の視線が通り過ぎないようにするだけでも大分変わるものです。もちろん、部下や周囲の方がそのようなことをしたとしても、「上司の顔を見たくないのか？」「殻にこもっているようで不快だ」などとマイナスに捉えず、「集中して仕事したいんだな」と、前向きに受け止めるようにしてください。

とある一部上場企業の専務の方が、フロアを見渡せる位置にあったデスクをさりげない場所に移動させ、さらに自分のイスをバランスボールにしてしまったという実例もあります。ちょっとユーモラスな話ではありますが、部下たちも以前よりストレスを感じにくくなり、また専務さんへの親しみも増したようで、彼のデスクを訪れる回数も増えたようです。

このような一見些細なことの積み重ねが、ストレスの少ない和やかな職場をつくっていくものです。

（安心）

ANSHIN

34

人が集まる職場は、異動・配置換えが度々ある
人が逃げる職場は、異動・配置換えがほぼない

人が定着・固定化している職場は一見安定しているようですが、必ずしもハッピーかというとそうとも言い切れません。もちろん、短期間のうちにどんどん人が退職して定着しない職場や、部署異動や組織再編がとても多い職場には、明らかに問題があります。しかし部署や職種、勤務先の変更などの異動・配置換えが長期間にわたって一切行われない職場からも、結構な割合で人が逃げていきます。

なぜなら、同じメンバーが同じ場所で同じ業務をずっと行っているような職場では、場の空気が淀み、マンネリ化、甘えなどが生まれ、問題が起きやすくなるからです。

全く「人」が変わらないと、いつのまにか「相性」や「序列」で固まるようになり、「派閥」が生まれ、そこに馴染めなかった人が逃げていく、新しい人がなかなか溶け込

めず定着しない、といった問題が起き始めます。また、知らぬ間に「同じメンバーでだらだらと残業」「馴れ合うだけの会議」「お気に入りの人を優遇」などの悪しき慣習が染みつき、それに疑問を抱く人もいない……といった問題にもつながってきます。

重要なのは、「定期的に新しい風を入れる」ということです。

保守的な傾向が強い企業は、変化を嫌います。たとえば10人の社員が所属する部署があったとして、何年経っても全く同じ10人で回している。たまに新入社員が１人入ってくるくらいで、その新人も定着せずにいなくなる……。よくある話です。

しかし、異動・配置換えを戦略的に考えるところは、今のままでも十分に仕事が回っているとしても、あえて新人を入れたり、一定間隔で一定比率の人数を動かしたりするものです。もちろんでたらめにやっているのではなく、社員それぞれの適性やキャリア、各部署や会社全体の戦略などを鑑みた上で、計画的に人を入れ替えます。

職場の空気をつくるのはやはり「人」。「人」が全く動かないと、どうしても空気が淀んでいきます。**反対に、閉め切られた職場の窓を開け、新しい「人」という風を吹き入れるだけで、職場の雰囲気は変わっていくのです。**

適度な人の入れ替えは、「新しい風」となり、職場の新陳代謝を促す。

このような戦略的人員異動は、会社の業績がいいときにこそ積極的に行うべきですが、業績がいいと「守り」に入ってしまい、「今のままでいい」とますます職場の固定化を進めてしまう企業も多いものです。さらに時として、目に見える数字を重視する風潮から、社員の異動や転勤に伴うコストはボトムラインに影響があるとし、避けようとするケースも増えています。

また企業サイドだけでなく、社員サイドもなかなか異動を受け入れない状況にあります。現代の社員は基本的に異動や変化を嫌がります。たとえそれが昇進などの栄誉あるものであっても同様です。特に転居を伴う異動は受け入れられないことが多いものです。もちろん共働きの家庭や子供がいる家庭、介護を抱えている家庭などに対し、会社側の都合だけで無理強いするわけにもいかないでしょう。

しかし、定期的に「人」を動かすことの目的は、凝り固まった職場をほぐし、新しい「風」を吹き込んで、職場の新陳代謝を促すことです。慣れてしまったがゆえに見過ごされている職場の閉塞感を和らげ、時代や環境の変化に即した形で進化させるために、「人」の異動が必要なのです。

ですから、大規模な異動でなくてもかまいません。職場が何年も同じ人員で固まってしまっていないか見直してみて、もし固まっているようなら、チーム内で仕事や役割のローテーションを行う、同じビルやフロアの中で物理的に配置を変える、学生インターンを積極的に受け入れる……そんな小さなことでもかまわないので、定期的に「人」の変化を取り入れるようにしてみてください。

そして、もし新しい社員から意見や提案などが出てきたら、チャンスです。リーダーは、長く一緒にいる仲間の意見はもちろん、まだその場に染まりきっていない人の意見にこそ耳を傾け、現実的に検討してみてください。「そのうちウチのやり方に馴染むよ」と受け流したり、「まだなにも知らないくせに」と拒絶するのではなく、客観的な第三者から意見をもらえる貴重な機会だと捉えていただきたいのです。

人が本能的に現状維持を求めてしまうのは仕方のないこと。しかし、そのままではいずれ退化していくことになります。新しい「風」をあえて吹き込み、常に進化していくフレッシュな職場を目指してみてはいかがでしょうか。

（安心）
ANSHIN
35
人が集まる職場は、安心できる「ホーム」
人が逃げる職場は、不安に満ちた「戦場」

本書の冒頭でもお話ししたように、今は誰もが先行きの見えない不安を抱えている時代。それは新入社員であれベテラン社員であれ同じことで、人によっては職場を不安に満ちた「戦場」のように感じていることもあります。そんな中で管理職が考えるべきは、気休めではない〝本物の安心〟を社員に与えることではないでしょうか。

私はこれまで、社員がうつ病になってしまったという相談をいくつも受けてきました。その職場を実際に訪ねてみると、うつ病は周囲への影響が大きいなということを感じます。一人が罹患すると、その職場で「いつか自分もうつ病になるかもしれない」と感じる人の割合がぐっと増えるのです。今まではなんとなく「労災ニュースの中の出来事」のように感じていたのが、自分の身近で起こったことによって、一気に現実味を増して感じられるのでしょう。

経営者や上層部が想像する以上に、うつ病や心身の不調で休んだ社員を会社がどう扱うのか、社員はひそかに注視しています。休んでいる人のことを悪く言っていないか、職場復帰には協力的か、復帰後のサポートはあるか……。特に、ストレスを抱えて「いつか自分も」と心配している社員のチェックの目は厳しくなります。会社の対応次第で、他の社員の心象はよい方にも悪い方にも変化するのです。

休んでいる社員を見放すことなく、一定期間後には復帰できるように計画的かつ臨機応変にサポートし、復帰後は仕事の量を調整し、残業も減らすなどして配慮する……会社がそんな対応をしてくれているのを見れば、「心身を壊して休んだとしても、ちゃんと職場に復帰できて、ソフトランディングできるように業務の改善もしてくれるんだ」と、他の社員も安心できます。

やむをえない事情があって休職したとしても、帰る場所があるというのは非常に大きな心の支えになります。復帰への意欲も高まり、その後のモチベーションや会社への信頼感、貢献意欲も高まるはずです。

職場が社員に与える報酬は、給料や肩書き、スキル・功績や人脈、自己成長などだけではありません。「安心」という心理的な報酬こそ、一番大きくて価値あるものなのです。家族や友人たちと同様、職場が安心して帰っていける「ホーム」のような存在になれれば、人が逃げていくことはないでしょう。

ただでさえ常に不安を抱えている現代人ですが、病気のときはそれに輪をかけて不安になり、強い孤独感や心細さを感じるものです。時にそれは、怒りや絶望にまで変化していくこともあります。そんな状態に陥った人が、もし「でも、会社を休むなんてできない」と悩んでいたなら、「会社のことは心配しなくていいから、しっかり休んで、元気になったら戻って来いよ」と声をかけてあげてください。そんな上司や同僚が1人でもいれば、その人はきっと救われるはずです。

（安心）
ANSHIN

36

人が集まる職場は、プライベートにも理解がある
人が逃げる職場は、プライベートを詮索・干渉する

近年は、「社員のプライベートには口を出すな」というのが職場の原則になっています。社員それぞれの信条や家庭の問題などを下手に詮索・干渉すると、ハラスメントにつながることもあります。たとえば新卒採用面接においても、就活生に対し親の職業や家庭の事情などを聞いてはいけない、というのは今や常識になっているかと思います。

これは学校でも同様で、昔は教職員が学生に対し、「親御さんは元気？　仕事は何をやっているの？」といった声かけをすることはよくありましたが、今は基本的に不必要にやってはいけない事項となります。

私も大学において、成績が低下してきた学生への面談指導を頻繁に行っています。そ

の際、「この学生は最近、学業に集中できていないように感じる。もしかしたらプライベートに問題があるかもしれない」などと推察しても、あまり踏み込んで聞くことはできません。けれども学生の話を傾聴しているうちに、本人からプライベートな問題を開示されることはよくあります。そうなると、「ああ、そうだったのか。このところ出席日数が少なかったのはそういう事情があったんだ」「なんだ、そんなことなら解決は簡単だ」などと、より的確な対策やアドバイスにつなげることができます。

このような本人が開示しないとわからない問題は、本当に対応が難しいものです。昔はアフターファイブに飲みに出かけることで自然に聞けたかもしれません。しかし、今はアルコールに助けを借りたコミュニケーションでは問題が起きやすく、下手をすればアルコールハラスメントになってしまいます。「ハートとハートでぶつかるんだ！」「俺を信じてなんでも話してくれ！」といった昔の体育会系にありがちな関係も、現代の職場には持ち込めなくなりました。

けれども、「職場は職場」と割り切って、「プライベートの問題は職場に持ち込ませない」と線引きできるかというと、そういうわけにもいきません。プライベートと仕事を完全に切り離して考えることは現実にはできないからです。「上司はいい人で、仕事も楽しくて、満足できる会社だけど、介護のことがあるから辞めなくちゃいけないんだ」といった話は、私の周囲でも珍しくありません。

社員のプライベートにおける重要な問題に対し、会社や上司はどう対応していけばいいのか。この問題は本当に難しいと思います。

しかし、「職場の人に詮索や干渉はされたくないけど、こちらにも事情があるということはわかっていてほしい」、というのが多くの社員の本音ではないでしょうか。

「理解されている」、そして「いざというときは頼ることができる」という感覚は、大きな安心感につながります。

たとえば、「お父さんが病気で、仕事が手につかないほど心配だ」というのは、プライベートな情報かもしれません。けれども、そういう事情を上司が事前に理解していたなら、しばらくは早く帰れるように仕事量を調整する、なにかあったときは日中でも仕事を抜けられるように責任を分担する、などの配慮ができるはずです。

また、このような直接的配慮だけでなく、「ただ話を聞く」というだけでもものすごく大きな意味を持つということを知っておいていただきたいと思います。

それは、いわゆるコーチング単体の領域ではなく、カウンセリングも組み合わせた領域かもしれません。コーチングで行うのは、「そのような事情について、冷静になって課題を明確化し、どうやって対処していくか一緒に考えましょう」といったアプローチが中心です。それはそれで励ましになり、助けになる人もいます。ただし、本当に追い込まれているときというのは、「ただひたすらに話を聞いてくれた」というカウンセリング的なアプローチから、次のステップへの力を得られることが多いのです。

これを行うのは、管理職や直属の上司だけでなく、隣の部署の上司や社内メンター、同僚、あるいは部下でもかまいません。**具体的な行動や援助などではなく、ただ傾聴し、事情を理解して共感する、ということだけでも、大きな助けとなるのです。**

そのためにも、やはり普段からプライベートな話でも自然に話せる環境づくりが大切になってきます。雑談の多い職場では、「今実家の親が入院していて、毎週末帰省していて大変なんです」、といったことがポロリと漏れ出てくることがありますが、しんとした職場ではそういったプライベートな話ほど出にくいものです。

ただ、気をつけていただきたいのは、「どこまで関わるか」という問題です。相手の事情に入り込みすぎて自分が潰れてしまったり、相手も頼りすぎて共依存のような関係に陥ってしまっては本末転倒です。まさに第1章でお伝えした「2・5人称」の感覚を思い出してください。必要であれば産業医やカウンセラーなどの専門家も介在させながら、誤った素人判断をしたり、上司一人で問題を抱え込んだりせずに対応するようにしてください。

また、病気や介護といった深刻な問題だけでなく、趣味の活動など、プライベートにおけるポジティブな話題にも理解を示すことが大切です。「お前、まだ若いくせにワークライフバランスがどうとか言ってるんじゃない」「社会人サークルなどに時間を使うな、半人前のうちはいつでも仕事のことを考えていろ」……そんな言動が昔は許されたかもしれませんが、今それをやると、ただ部下の気持ちが離れていってしまうだけです。ワークとライフを切り離さず、それぞれのキャリアやワークライフバランスについて複眼的な見方ができるようになると、世代を超えた部下との目線も合いやすくなります。
「こいつは仕事も覚えてないのに早く帰るし、迷惑な部下だな」ともし思ったとしても、たとえば「休日はこのような活動に打ち込んでいて、それが仕事にも間接的につながってきているんだな」、あるいは「俺と同じように介護で苦労しているんだな」などと思うことができたら、関係性も和らぎます。

プライベートの事情も話しやすく、いざとなったらきちんと話を聞いてもらえる。必要に応じてアドバイスや職場における具体的な配慮をしてもらえる。このような職場は、安心して働ける、人が逃げない職場といえるでしょう。

（安心）

ANSHIN

37

人が集まる職場は、ウィーク・タイズを持つ
人が逃げる職場は、ストロング・タイズのみ

何か困ったことがあったときに、「ここ2、3年会っていないけど、あの人だったら何か教えてくれるかも」と思いつくような人はいませんか？　私はそうした「ウィーク・タイズ（Weak Ties）」と呼ばれる人間関係を広く築いてほしいと、これまでの著書や講演の中で紹介してきました。ウィーク・タイズというのは「ゆるやかな絆」「弱いつながり」などと訳され、「頻繁には会わないけれど、尊敬し信頼する人との細く長い関係」を意味します。

ウィーク・タイズは、米国の社会学者であるマーク・グラノヴェッター氏が1970年代に提唱したもので、東京大学の玄田有史教授によって広く知られるようになってきています。私にとっては玄田教授も、ウィーク・タイズの間柄の1人です。

ウィーク・タイズの反対で、「ストロング・タイズ（Strong Ties）」という言葉もあります。これは親友や両親、家族、パートナーなど、深いつながりや絆を持った人間関係のことです。

本来ならストロング・タイズこそ最も信頼でき、頼りになる存在ですが、時には近しいからこそ知られたくない問題もあるはず。**そうしたとき、プライバシーが守られ、信頼もできるウィーク・タイズをたくさん持っている人は、心が折れずにすむ傾向があります。**

では、部下にとっての上司は、ウィーク・タイズとストロング・タイズのどちらになればよいのでしょうか？

基本的に同じ職場の仲間同士というのは、ストロング・タイズとして考えられるものですし、そうなれるのが理想的だと思います。しかし、あまり深い関係になりすぎてしまうと、客観的・多角的な視点を持つことが難しくなるので、時には部下が困っていても力になれない場合もありえます。

上司としては、自分のウィーク・タイズを広く築いておき、部下が困っているとき

にも、その中から的確なアドバイスを与えてくれそうな人につないであげられると理想的です。

プライベートの友人や大学の同級生、以前名刺交換をした他業種の知人など誰でもかまいません。もちろん社内の人でもＯＫで、大企業になると何千人と社員がいますし、社内のネットワークの中で見つけた他部署の同僚などでもよいでしょう。

私は新卒入社から数えて40年ほど働いていますが、その中でウィーク・タイズの重要性は何度も実感してきました。決して大げさな話ではなく、人生を変えるようなアドバイスを得るのも、ほとんどウィーク・タイズを通してのことなのです。

また、ウィーク・タイズをたくさん持っている人というのは、「まずあの人に相談してみよう」と頼りにもされるものです。私も仕事柄人から相談を受けることが多いほうだと思いますが、専門外の相談を受けたときなど、「知り合いの精神科医を紹介しますよ」「弁護士の知り合いに連絡を取りましょうか？」「詳しい大学の教員に聞いてみましょう」というと喜ばれます。

私は大学の教員という立場などを、ウィーク・タイズを多く持つために活用しています。月に1回は、昼の時間帯にミーティングルームに集まって、教員みんなでランチを持ち寄って雑談をします。教員の中にもいろいろな分野における専門家がいますので、この月1回の雑談が、自分の専門外の領域における貴重な情報交換会になるのです。他にもいろいろな学会に顔を出すことで、他大学とのつながりもできますし、仕事を通じてできた官庁や自治体との連携も大切にしています。

そうして築いた関係を細く長く続けていくと、お互いの困りごとを相談するようにもなり、「それならいい人を知っているから、紹介しましょう」とさらにウィーク・タイズが広がることもあります。

また、このように頻繁に顔を合わせなくとも、メールやSNSなどを活用し、そうした私設のブレインのようなウィーク・タイズたちとつながっていれば、いざというときに助けになってくれるはずです。

〝部下の悩みをすべて解決してくれる、頼れる身近な上司〟――そんなスーパーマンのような存在になるのは無理だとしても、〝自分がサポートできない問題でも、頼れる人を紹介してくれる、という形で頼りになる上司〟という立ち位置になれれば十分。

どんな形であれ、部下から信頼され、頼りにされている上司がいる職場には、大きな安心感があり、自然に人が集まってくるはずです。

コラム3 ストレスを上手に解消する"4Rマイリスト"

日々業務に追われながら、職場全体を気遣う必要もある上司のみなさんは、相当ストレスが溜まっているはず。しっかり休息を取り、リフレッシュできているでしょうか?

真面目で仕事熱心な方ほど、休むことに罪悪感を覚えてしまったり、「休んでも何をしたらいいか分からない、休み方を知らない」ということが多いもの。

最後に、ストレスを上手に解消し、効果的に休む方法をお伝えします。

4つのRを組み合わせて「マイリスト」をつくる

「4つのR」を基準に自分に適したストレス解消方法を考えたら、それらをリストアップした「マイリスト」を持っておくことも効果的です。項目がたくさんあれば、それだけ「疲れ・ストレス」というリスクに対するセーフティネットが十分にあるということ。疲れたときの心強い味方になってくれます。

リラクゼーション（Relaxation）

レスト（Rest）

レクリエーション（Recreation）

リトリート（Retreat）

ストレス解消のカギは「4つのR」

ストレス予防や緩和のカギは、「4つのR」を組み合わせて休息を取ること。「4つのR」は、「リラクゼーション(Relaxation)」「レスト(Rest)」「レクリエーション(Recreation)」「リトリート(Retreat)」の頭文字をとったもの。ただ、タバコ・お酒・ギャンブル、買い物、インターネットは依存状態になる恐れがあるので、ここでは避けてください。

リラクゼーション(Relaxation)

自律神経を休め、心と体のバランスを整えること。

腹式呼吸、アロマセラピー、
瞑想・マインドフルネスetc…

レスト(Rest)

体をしっかり休めること。

睡眠、マッサージ・整体、
温泉、スパetc…

レクリエーション(Recreation)

趣味や遊びを楽しみ、笑ったり泣いたりして
感情を解放することで、心身をリフレッシュすること。

スポーツ、釣り、キャンプ、映画、カラオケ、楽器演奏etc…

リトリート(Retreat)

日常から離れた空間に身を置き、
じっくりと静養すること。

旅行、リゾート地での保養、森林浴etc…

※思いつかない方は、学生時代に夢中だった趣味、元気が出る場所、癒される曲、好き

終章

「成長感覚」の共有が一生の宝物になる

成長を支えた先にあるもの

この時代の管理職は本当に大変な仕事です。昔に比べて何倍も何十倍もストレスを抱えているはずと思います。特に、部下との関係性においては、メンタルヘルスへの配慮やハラスメント対策など、気をつけるべきことが無数にあり、苦労も多いことでしょう。

私はアウトドアが好きで、北海道の知床半島に接岸した流氷を2時間ほど歩くツアーに参加したことがあります。流氷は遠くからは絶景で息をのむ美しさがあります。しかし実際は、氷上には亀裂が無尽に走っており、隙間から青い海面が見え隠れしているのです。単独で歩くのは自殺行為に近い状態でしたが、プロのガイドがしっかりと引率してくれたため、一生の思い出となるようなエキサイティングな体験を安全に楽しむことができました。

私は今の時代、管理職たちはこの流氷の上を一人で歩かされているかのような想像をしてしまいます。私を引率してくれたガイドがいたように、今の管理職たちにもガイドが必要なのであろうと思います。

本書ではそのガイドの一端になれればと、専門用語や難しい理論の説明をわかりやすく言い換えて、シンプルで明日から使えるヒントをお伝えしてきたつもりです。この時代の職場を歩いていくための一助となれば幸いです。

ただ、忘れてほしくないのは、管理職には管理職だけの特権があるということです。それは一言で言えば、職場の人たちとの「成長感覚」の共有です。

〝職場〟というのは不思議なものです。一人ひとり異なるバックグラウンドを持つ人々が何かの縁で集まり、1つの空間を形成します。時にはトラブルや衝突もあるでしょうが、同じ空間で同じ時間を共有し、ともに働いていくことで、「あのとき、あの職場でお互いに成長できた」という感覚が実感として残るものです。その中心にいれることこそ、管理職の最大の楽しみなのだと思います。

序章でもお伝えした通り、現代は「人それぞれ多様な領域から、多様な成長感覚を得ていく」時代です。そんな中、たくさんの部下の成長をサポートすればするほど、その多様な成長感覚を上司も実感することができます。部下が成長する喜びをともに味わえるのと同時に、上司自身もまた、自分1人の価値観では得られなかった領域に触れて視野が広がり、どんどん成長していきます。それはもちろん「ワーク」の領域だけでなく、「ライフ」や「ソーシャル」の領域においても同様のことです。

序章でお伝えした〝「成長感覚」の上昇気流〟の図で言えば、下から部下を扇いでいるうちに上司もいつのまにか風に乗って引き上げられ、はるか高みにある上昇気流の上で、上司と部下が手を取り合っているイメージです。

この上昇気流はサポートした部下の数が増えるほど、掛け算式に増えていきます。そして、在職中はもちろんのこと、定年後においても、無数の上昇気流があなたの人生を支えてくれるはずです。

上司と部下で成長感覚を共有し、
ともに成長できる職場へ！
上昇気流
成長の風
ワーク
ライフ
ソーシャル
健康

理想論に聞こえるかもしれませんが、私自身、かつて勤めていた企業での経験から、「あのとき同じ〝職場〟という空間を共有したことで、互いに成長できたなあ」と感じられる相手が何人もいます。立派な経営者になった上司や同僚、部下もいますし、「いつかやりたい」と言っていた社会貢献プロジェクトのＮＰＯを起業した人もいます。「家庭をもって幸せに暮らしています」という便りを定期的にくれる部下もいます。もちろん、私からもかつての仲間に近況を報告したりもします。

成長感覚を共有した先にあるのは、この〝おかげさまでなんとかやっています〟という感覚、穏やかな感謝と感慨に満ちた幸福感です。

人生１００年時代、どんなに長く働き続けても、いざ定年を迎えたとき、ワークの風はふっと弱まります。そのとき、「俺は有名な企業で役員にまでなった」「俺はこんな製品を発明したんだ」……といった過去の事実への誇りを抱けることは幸運であり、大切な思い出、生きがいです。しかし、それだけだと、やがて空虚感が襲ってくることもありえます。そんなとき支えになるのは、〝あのときあの職場で、あの人と支え合いながら互いに成長していった。楽しかったなあ！〟という、かけがえのない成長感覚の記憶です。

人が集まる職場をつくるということは、お互いの成長感覚を共有できる職場をつくるということ。そしてそのとき生じる楽しみを、生きているかぎり最大限に味わえること――これこそ上司のみなさんが持つ、すばらしい特権なのだと思うのです。

おわりに

なぜ、人が集まる職場と逃げる職場に分かれるのか。どうすれば逃げる職場に蔓延する課題を解決し、集まる職場に変えることができるのか。これは、日本中の職場が答えを求めている重要なテーマといっても過言ではないはずです。

そして、現代の上司たちは、かつてないほどのプレッシャーを抱えています。目の前の業務だけでなく、職場のメンタルヘルス、ワークライフバランス、キャリアプラン、ハラスメント予防への配慮が求められ、それらすべてのベースとなるコミュニケーション能力を磨く必要もある……。

ちまたでは〝働き方改革〟のかけ声をよく耳にしますが、現場の上司たちからは「かえって負担が増えて、余計に疲れが抜けない」とボヤキが聞こえてきます。

こうなると世の上司たちは、いっそフーテンの寅さんのような旅人となって、職場のことは気にせず、風の吹くまま、気の向くまま、その日暮らしで生きていけたら……なんて憧れたくもなるかもしれません。

本書では、それでも職場を変えたい、よくしたいと願う上司のみなさま、またこれから上司になるであろう若い世代のリーダーたちにも向けて、部下・同僚・上司たち、そして自分たちの「働きがい」「職場の楽しさ」を取り戻していくためのヒントを、可能な限りビジネスの現場に即した目線や体験の中から提供してきました。

そのうちの多くは、「職場におけるメンタルヘルスとコミュニケーション」の理論と実践にまつわるものです。人が集まる職場をつくるには、やはりこの2つがポイントになってくるのです。

私がこの「職場のメンタルヘルスとコミュニケーション」について考察を始めたのは、今から30年以上前、１９８７年にまで遡ります。大学卒業後、モービル石油での実務経験を通してこのことへの関心がますます高まり、アメリカの2つの大学で指導を受けました。当時のＩＢＭ社における事例を取り上げてレポートを書いたこともよく覚えています。

その後は早稲田大学の故・梅津祐良教授の指導を受けました。梅津教授は先述したモービル石油およびアメリカの大学院双方における大先輩でもあり、人材・組織開発論やパワーハラスメント対策について多くの専門書を出されています。多忙な中、私の仕事の応援のためにアメリカや中国にまで駆けつけてくれたこともある、温情あふれる恩師です。

近年、私はこの分野の研究を、中国のビジネス・スクールである武漢理工大学管理学院との共同研究にも広げています。私は中国でもこの分野において3冊の本を出版していますが、中国の職場でも日本と全く同じことが問題になっており、心身を病んだ若者の自殺も少なくないのです。中国政府もその対策に大きな予算をつけて動いています。国が違えど、心身ともに健康を保ち、楽しく働きながら幸せな人生を送りたい、という願いはみな同じなのだと痛感させられます。

１９７９年に大学を卒業して以来、多くの職場を経験し、そこでの上司や同僚、部下、さらに「組織と人」に関する分野の研究仲間たちから学び、サポートされ、自身の成長につなげてきました。今、その事実は〝職場そのもの〟への感謝となり、私は〝職場〟に恩返しをする義務があると強く感じています。そのためには、書籍をはじめとしたメディア、セミナー・講演、コンサルティングなどを通して、日本の職場に活力を取り戻すヒントをとことんわかりやすく伝えていくことが必要だと認識しています。それは大学での教育とともに、私のライフワークでもあります。

この気持ちをクロスメディア・パブリッシングの小早川幸一郎社長にお伝えしたところご快諾をいただき、深く感謝しております。さらに本書の企画と構成、編集では戸床奈津美さん、ライティングには芳賀直美さんを担当につけていただきました。戸床さんからのコーチングのおかげで、若い世代にも受け入れられる内容にすることができました。

最後にこの紙面を借りて、社会心理学者の加藤諦三先生に心から謝意を伝えたいと思います。先生は私からすれば雲の上の存在ですが、40年以上公私にわたってお世話になってきた恩師でもあります。先生の日本社会への深い思いの一端が本書からも伝えられれば、教え子としてこんなに嬉しいことはありません。

加藤先生にまつわるエピソードに、こんな話があります。早稲田大学で長年教えてこられた先生の最終講義が行われた際、会場であった大隈講堂から人があふれ出してしまい、消防署から入場ストップがかかったのです。

なぜ、こんなにも人が集まったのか。それは、先生との直接的・間接的交流の中で、本書の軸である〝成長感覚〟を得た人が全国に無数にいたからに他なりません。

【著者略歴】

渡部卓（わたなべ・たかし）

産業カウンセラー、エグゼクティブ・コーチ。帝京平成大学現代ライフ学部教授、（株）ライフバランスマネジメント研究所代表。
1979年早稲田大学政経学部卒。モービル石油入社後、コーネル大学で人事組織論を学び、ノースウェスタン大学ケロッグ経営大学院でMBAを取得。1990年日本ペプシコ入社、AOL、シスコシステムズ、ネットエイジを経て、2003年（株）ライフバランスマネジメント設立。職場のメンタルヘルス・コミュニケーション対策の第一人者であり、講演・企業研修・コンサルティング・教育・メディア等における多数の実績を持つ。『メンタルタフネス経営』『折れない心をつくる シンプルな習慣』『折れやすい部下の叱り方』（日本経済新聞出版社）、『明日に疲れを持ち越さない プロフェッショナルの仕事術』『はたらく人のコンディショニング事典』（クロスメディア・パブリッシング）ほか著書・監修書多数。

人《ひと》が集《あつ》まる職場《しょくば》　人《ひと》が逃《に》げる職場《しょくば》

2018年 4月 21日　初版発行
2021年 7月 4日　第6刷発行

発行　**株式会社クロスメディア・パブリッシング**
発行者　小早川 幸一郎
〒151-0051　東京都渋谷区千駄ヶ谷4-20-3 東栄神宮外苑ビル
http://www.cm-publishing.co.jp
■本の内容に関するお問い合わせ先 …………………… TEL (03)5413-3140 ／ FAX (03)5413-3141

発売　**株式会社インプレス**
〒101-0051　東京都千代田区神田神保町一丁目105番地
■乱丁本・落丁本などのお問い合わせ先 ……………… TEL (03)6837-5016 ／ FAX (03)6837-5023
service@impress.co.jp
（受付時間　10:00～12:00、13:00～17:00　土日・祝日を除く）
※古書店で購入されたものについてはお取り替えできません
■書店／販売店のご注文窓口
株式会社インプレス　受注センター ……………………… TEL (048)449-8040 ／ FAX (048)449-8041
株式会社インプレス　出版営業部 ……………………………………………… TEL (03)6837-4635

カバー・本文デザイン　金澤浩二（cmD）
カバー・本文イラスト　ナカザワマコト
印刷・製本　中央精版印刷株式会社
ISBN 978-4-295-40184-1 C2034